福建师范大学红色文化研究丛书

中国思想道德教育名篇精要研读

陈桂蓉 著

中央编译出版社

图书在版编目(CIP)数据

中国思想道德教育名篇精要研读 / 陈桂蓉著. —北京：中央编译出版社，2020.2
ISBN 978-7-5117-3757-1

Ⅰ.①中… Ⅱ.①陈… Ⅲ.①思想政治教育－高等学校－教学参考资料 Ⅳ.①G641

中国版本图书馆 CIP 数据核字 (2019) 第 255456 号

中国思想道德教育名篇精要研读

出 版 人：	葛海彦
出版统筹：	贾宇琰
责任编辑：	郑永杰
责任印制：	刘 慧
出版发行：	中央编译出版社
地　　址：	北京西城区车公庄大街乙 5 号鸿儒大厦 B 座 (100044)
电　　话：	(010) 52612345（总编室） (010) 52612339（编辑室） (010) 52612316（发行部） (010) 52612346（馆配部）
传　　真：	(010) 66515838
经　　销：	全国新华书店
印　　刷：	北京中兴印刷有限公司
开　　本：	710 毫米 × 1000 毫米　1/16
字　　数：	170 千字
印　　张：	13
版　　次：	2020 年 2 月第 1 版
印　　次：	2020 年 2 月第 1 次印刷
定　　价：	60.00 元
网　　址：	www.cctphome.com　邮　箱：cctp@cctphome.com
新浪微博：	@中央编译出版社　微　信：中央编译出版社 (ID：cctphome)
淘宝店铺：	中央编译出版社直销店 (http://shop108367160.taobao.com) (010) 55626985

本社常年法律顾问：北京市吴栾赵阎律师事务所律师　闫军　梁勤
凡有印装质量问题，本社负责调换，电话：(010) 55626985

目录 Contents

▶▶	导　言	001
▶▶	第一篇　《大学》	013
	原　文	015
	精要研读	019
▶▶	第二篇　《中庸》	027
	原　文	029
	精要研读	036
▶▶	第三篇　《论语》	043
	原　文	045
	精要研读	082
▶▶	第四篇　《道德经》	091
	原　文	093
	精要研读	106
▶▶	第五篇　《孟子·梁惠王章句上》	113
	原　文	115
	精要研读	121

第六篇 《礼运》　129
原　文　131
精要研读　136

第七篇 《乐记》（节选）　143
原　文　145
精要研读　153

第八篇 严复《原强》（节选）　161
原　文　163
精要研读　169

第九篇 梁启超《少年中国说》　175
原　文　177
精要研读　183

第十篇 马寅初《北大之精神》　187
原　文　189
精要研读　192

参考文献　196

后　记　198

导 言

党的十九大报告深刻阐明中华优秀传统文化在新时代中国特色社会主义建设中的战略地位。《中国思想道德教育名篇精要研读》力图以中华民族的历史文化发展为宏大背景，以不同时代具有鲜明特色的中国思想道德教育的丰富资源为基本素材，将这一领域的诸多精彩浪花，汇聚成一股既从远古走来又向未来奔去的不息的精神之河。

一

本书的编撰对于青年学生而言，有着十分重要的意义。

第一，它有助于青年学生了解思想道德教育的中国历史和中国特色，把握思想道德教育的古今之变和中外之比。我国自古以来就是一个高度重视"教化"的国度。早在原始社会后期，我们的祖先就懂得用道德教育来调节人们之间的关系。"神农之世，男耕而食，女织而衣，刑政不用而治，甲兵不起而王。"（《商君书·画策》）进入奴隶制社会后，夏、商奴隶主阶级用"天命神权"的观念来统治百姓，"尊天事鬼"被认为是神圣的事情。西周时期，周人提出"皇天无亲，惟德是辅"，认为天具有"敬德保民""惟德是辅"等品格，主张人间统治者应当"以德配天"。在奴隶制时代，官学教育已经出现，至少在周代已经较为成熟。官学中的教师"以三德教国子：一曰至德，以为道本；二曰敏德，以为行本；三曰孝德，以知逆恶。教三行：一曰孝行，以亲父母；二曰友行，以尊贤良；三曰顺行，以事师长"。(《周礼·地官·师氏》)除了官学教育，地方乡党、私塾、家族、家庭等各种教化齐备，涵盖内容甚广，包括政治观念、社会理想、人生观、价值观、道德观、政教法规、乡风民俗、人伦日用等方面。不仅如此，不同时代、不同派别的思想家、政治家、史学家等也在为传播和传承一定社会的意识形态、推进中华文明的发展作出自己的贡献。在此期间，他们形成了不同的思想体系，积累了许多成功的经验，也留下一些值得深刻思索的教训。

我国自古以来重"教化"的传统，有着十分鲜明的"德教为先"的特色，道德教育始终处于核心地位。与西方"智性文化"相比较，中国传统文化是"德性文化"，而这种文化的终极指向就是政治上最大抱负的实现——治国平天下。在相当长的历史阶段，儒家的"德治"思想深入人心，它对社会上层建筑的影响是举足轻重的。中国古代哲学以研究人生哲学为主要使命，人们对道德生活的哲学思考与对人生的哲学思考几乎异曲同工。中国古代的法律完全是道德化的法律，道德被赋予法律效力。如在唐代的律令中，将直系长辈教育子孙的权力法律化。据《唐律疏议》记载，"诸子孙违犯教令及供养有阙者，徒二年"。中国古代的教育主要是道德教育。作为儒家经典的"四书五经"，阐述与教导的，除了治国安邦的政治理想，还有传统美德及其思想智慧。他们把政治家的道德品格视为治国平天下的首要条件。中国古代文学艺术的道德教化功能也无处不在，其审美标准往往取决于道德的善恶。"文以载道"的说法就深刻地反映了文学艺术的德教功能。由此可见，道德教化是中国历代统治者用以实现政治统治的主要手段。

西周时期，"学在官府"。官学教育的主要内容是礼、乐、射、御、书、数六艺，其中礼乐教育最为重要。虽然系统的礼乐教育只施之于贵族，但国家实施礼乐制度所产生的教化作用，则超出了贵族的范围，"以仪辨等，则民不越"（《周礼·地官·大司徒》），它以礼仪标识各种社会等级差别，示意百姓安于其自身的社会地位，不至于僭越犯上。春秋战国时期，随着封建制生产关系的出现，新兴的地主阶级有了变革的要求。风起云涌的变法大潮此起彼伏，封建制度代替奴隶制度的趋势不可阻挡。在此社会转型时期，地主阶级的思想家便开始思考如何建构封建主义的意识形态。为服务于新的封建专制制度，就需要建立一系列与之相适应的政治理念、思想原则、道德法律规范、价值信条等，需要探讨新的思想教育的方式，这一时期的思想家提出了许多在思想道德教育方面有价值的学说。以孔子为代表的儒家，以老子、庄子为代表的道家，以墨子为代表的墨家及以商鞅为代表的法家等学派卓有建树，为后世思想道德教育的发展提供了丰富的思想资源。西汉时期，汉武帝总结了秦灭亡的教训，意识到儒家思想对于统治者的巨大价值。儒家思想中那些将政治关系伦理化、以思想教育达到思想统一和思想控制的目的的做法，有利于封建社会的大一统。于是，董仲舒"罢黜百家、独尊儒术"，以教化为大务，使儒家思想逐步深入人心。魏晋南北朝，是中国历史上长达三百余年的分裂割据时期。这一时期，官学教育时兴时废，玄学盛行，佛学传入中国后得到发展，儒学受到很大冲击。但一些有识之士和有作为的政治家、教育家依然崇尚儒家的政治伦理和思想教育。曹操父子利用其政权力量扶植儒学；颜之推撰写的《颜氏家训》，堪称中国封建社会第一部完整的家训。隋唐是中国封建社会发展的鼎盛时期，国家统一、经济繁荣、社会安定。唐太宗李世民是一位有远见、有作为的帝王，他的治家理念和治国方略都堪称典范。贞观之治后一系列开明开放的政教政策，使儒释道得到长足发展。尤其是科举制度建立，使知识分子有机会进入仕途，这极大地调动了他们的政治参与意识，也对整个社会的思想和价值取向产生深刻的影响。这一时期著名思想家韩愈、李翱、柳宗元等在思想道德教育方面提出了一些有价值的见解。如柳宗元认为，思想教育的目的是"明道"，"道"即是儒家的政治理想、政治主张、伦理原则、价值观等。教育者应当"顺天以至其性"，顺从思想道德教育的规律施教。宋元明清是中国封建社会发展的后期。宋明时期最为突出的思想理论成就应首推理学。朱熹作为理学的集大成者，为传承和弘扬正统儒学，在闽北先后创办了寒泉精舍、武夷精舍、紫阳书院、考亭书院等，开创了民间书院的历史。他以毕生的精力致力于儒家经典的解说注释，为后人留下《四书章句集注》《朱子语类》等珍贵的思想遗产。作为思想家和教育家，他主张"天理"论、格物致知、知先行后，对中国思想界影响深远。近代以来，中国进入半殖民地半封建社会。但帝国主义的文化侵略没有撼动中国封建主义意识形态的根基，直至以康有为、梁启超、谭嗣同、严复等为代表的旧民主主义思想家和以孙中山为代表的资产阶级革命家发起对封建主义意识形态的猛烈批判。如谭嗣同提出"冲决君主之网罗""冲决纲常之网罗"的主张；严复、梁启超、章炳麟提出更新与变革民众道德、提倡以"社会公德""爱国主义"为主要内容的"合群之德"主张等。在旧民主主义革命屡遭失败后，一批接受俄国十月革命和马克思主义的志士，在五四时期登上了新文化运动的舞台。李大钊、陈独秀、鲁迅、胡适等一批先进知识分子，高举民主和科学的旗帜，对帝国主义和封建主义进行了彻底的清算。五四运动后，马克思主义在中国得到了广泛传播。

思想道德教育的中国历史和中国特色，能够为青年学生打开一扇思想之窗、拓展学科视野。让他们了解思想道德教育的中国源流，懂得现时代中国思想道德教育学科成果的深厚历史积淀，从而懂得思想道德教育的古今差异和中外之别。

第二，它有助于青年学生整肃学风涵养正气，成己成人，融通"为己之学"和"为人之学"。儒家思想对于学子的要求是成己成人。首先是"成己"，即修养自己身心、学会做人，做一个有人格、有尊严、不愧不作、顶天立地的人。其次是"成人",即入世新民、以天下为己任、改造社会。千百年来,这种成己成人的家国情怀激励着一代又一代知识分子,不辱使命,担当社会责任,成为时代的先锋和脊梁。而这一切始于"学"。孔子有言:"古之学者为己,今之学者为人。"① 他的意思是,古人之学,是为自身修养而学。孔子批评当时的一些学者,学风不端,把知识当成一种向人炫耀和取悦于人的资本。"为己之学",即为修身立己,而非为一己之私,因而也成了精神的自觉和人性的内在发展的冲动。为自身的教养而阅读,这是一种修身立己的自我升华。"为人之学",则应是通过立己而及人,通过自身的成长和完善去影响和带动更多的人,以致达到社会"至善"的境界。它与孔子批评的那种虚浮作风是截然不同的。

人们为什么要阅读?鲁迅先生说过,阅读可分为职业的阅读和嗜好的阅读。前者属于功利性,讲求学以致用,譬如学生为升学、考证,理财者为投资赚钱,管理者为运筹帷幄等而阅读,追求的是实用。而后者则是自愿阅读,这种阅读是主体主动了解未知、充实自己的过程,它没有直接的目的却有着高远的人生指向。嗜好的阅读能够滋润人的心灵,开阔人的视野,是点亮人们精神的灯火。日本学者斋藤孝在其著作《深阅读——信息爆炸时代我们如何读书》中,力倡深阅读,他认为,当人们满足于通过读屏、刷屏方式接收碎片化的信息时,阅读就失去了真正的意义。慢阅读、深阅读所带来的阅读体验、阅读效用要比快阅读、浅阅读等快餐式体验丰富得多,这是不争的事实。"当人们沉浸在书里时所发出能量的热度足以媲美地底喷出的岩浆。"② 著名理学家朱熹曾用一首诗,来表达自己对读书的真切感受:"半亩方塘一鉴开,天光云影共徘徊。问渠哪得清如许,为有源头活水来。"知识是人们进步的源头活水,当我们打开一本装载着知

---

① (宋)朱熹:《论语章句集注》,见宋元人注:《四书五经》(上册),中国书店1985年版,第62页。

② 周国清、陈暖:《智能化时代我们如何阅读?》,载《新华文摘》,2018年第4期。

识的书时，天光云影似的丰富内涵如泉源般地呈现。陈立夫先生说过："物之真理，可从实验室中求得之。人之真理，须从社会日常生活中体验得之。前人已得之经验，笔之于书，盖期后人不白费时力而能享受其成果，且免再蹈覆辙。"① 当今知识大厦的垒成，是以往时代积累的结果。书本传递的是人类文明的心声，给予后人薪火相传的动力。

然而当今社会，市场经济的趋利性使得浮躁之风盛行、急功近利者渐众。置身于学术殿堂的青年学生也难以幸免。"微时代"的媒介环境，更加剧了他们价值观和行为方式的多元裂变。首先，部分学生的诚信品格因利益驱动而时存侥幸、知行不一，考试作弊、身份学历造假、骗取困难补助、恶意欠缴学费、剽窃他人学术成果、评优评先拉关系等校园失信行为屡见不鲜。其次，"手机化生存"和"圈群化生活"的生活方式，使得大学生日常生活呈现流动化特质。"大学生行为活动的空间背景和时间维度发生了深刻改变，具有了脱域特征。"② 再次，价值认同出现不同程度的危机，"屌丝文化""佛系青年"等文化现象甚嚣尘上。高校学生中的这些学风不端、麻木不仁的现象，与时代赋予他们的殷切期望相距甚远。整肃学风、涵养浩然之正气，需要有强大的精神力量来感召、来推动，这就使我们的目光又转向了中华优秀文化，转向了中华人文经典。

当今，我们已经进入终身学习的时代。联合国于1995年设立"世界读书日"，将每年4月23日定为这样特殊的日子。就中国而言，全民阅读活动在全国各地蓬勃发展。在全民阅读的热潮中，青年学生更应成为表率。其实，阅读经典的过程，是与思想巨人的对话。它能引发人们宁静地感悟和睿智地思考，有助于甄别善恶，明晰正义与非正义，更多地领悟人的尊严与高贵。中华民族有着丰富的文化遗产，优秀的人文典籍浩如烟

---

① 陈立夫：《四书道贯》，中国友谊出版公司1991年版，第25页。
② 罗迪：《"微时代"环境下大学生价值观研究》，载《马克思主义理论学科研究》，2017年第3期。

海，它们无不立意高远、内涵丰富、思想深邃，它们给国人留下的文化宝藏价值连城。在人文经典的海洋中畅游，不仅能提升学养和品位，而且可以探寻生命真谛，陶冶思想情操。2018年8月，世界哲学大会（第二十四届）首次在中国召开。"学以成人"的大会主题昭示着当代人对于哲学的终极目的的思考；昭示着学术思想的人性回归；也昭示着中国古老的哲学话语在当今世界的强大魅力。"学以成人"，这一中国老祖宗的至理名言，穿越历史时空，依然引领着当代人的学术实践。对于习惯新媒体生存方式的"90后"青年学生而言，当务之急是培养他们对经典的敬重和仰望之心。在经典思想的熏陶中整肃学风、涵养正气，自觉担当国家民族之责任。我们有理由相信，浩瀚的人文经典海洋，将是青年学生接受洗礼、畅游思想的殿堂。他们将在此学海拾贝，获益终身。

二

《中国思想道德教育名篇精要研读》的面世，是笔者在多年的执教生涯以及对传承和弘扬中华优秀文化的长期呼吁中萌生的夙愿。2012年，笔者建议我校马克思主义学院，针对思想政治教育本科专业，设计了"人文经典选读"的指定选修课，让学生初步接触和了解古今中外思想政治教育的经典名篇。课程实施七年来，人文经典以极大的思想感染力征服了孜孜以求的莘莘学子，较好地凸显了它的"课程思政"育人功能。同时，笔者又在本学院思想政治教育专业的硕士研究生中，开设了"中国思想政治教育名篇研究"课程。这两门不同层级的课程设置，有着一个共同的教学目的，就是让思想政治教育专业的莘莘学子，更多地接触和了解国内外相关精品之作，开拓他们的学术视野，并在提高其学养的同时，接受先进文化的熏陶，提升思想品格。然而，开设这两门课程的路子并不平坦。没有现成的教材,笔者精心遴选的与思想政治教育相关的经典名篇篇目,需要预先通知学生准备。而学生在查找搜寻经典篇章时,只有少数人拥有严谨规范的纸质版本,多数人则往往借助网络工具,这就可能造成这些经典文献的某些内容有误差甚至在字词表达、标点断句方面的差异。此外,经典研读过程中铺天盖地的第二手资料,虽然为初学之人提供了便捷的理解通道,但也易于养成他们先入为主、不求甚解、人云亦云的不良学风和习惯,于事无补反而有害。鉴于此,笔者有着一股亲自编撰《中国思想道德教育名篇精要研读》的热情和冲动。期望通过此番编撰,尽力避免学生查找经典名篇过程的盲目和无序,以权威的来源出处体现经典文献的尊严和地位,为学生提供严肃而又严谨的第一手文献范本。同时,以精要导读的形式为初学之子提供必要的学习指导,培养他们研读经典的兴趣和习惯。2017年秋,笔者正式投身于这项工作。

笔者以为,遴选中国思想道德教育名篇的过程,就是实现思想政治教育创新意图的重要组成部分。习近平同志反复强调,培育和践行社会主义核心价值观必须立足中华优秀传统文化。他说过:"对历史文化特别是先人传承下来的价值理念和道德规范,要坚持古为今用、推陈出新,有鉴别地加以对待,有扬弃地予以继承,努力用中华民族创造的一切精神财富来以文化人、以文育人","要处理好继承和创造性发展的关系,重点做好创造性转化和创新性发展"[1]。本着历史唯物主义的立场和态度,笔者从时间的一维性入手,将中国不同时代、不同杰出人物的思想道德教育的点滴精华,汇聚成教育的一江春水。思想道德教育优秀文化的中国传承和中国特色也就在此得到体现和印证。

笔者的另一个思想政治教育创新意图,就在于对所遴选的中国思想道

---

[1] 习近平:《把培育和弘扬社会主义核心价值观作为凝魂聚气强基固本的基础工程》,载《人民日报》,2014年2月26日。

德教育名篇文本，作精要式的研读和适当的思维拓展。本书的编撰体例，既不同于通常"读本"似的"注释""题解"和基本观点的阐述；也不同于纯粹理论研究那种，对文本的不同观点的学术动态进行爬梳和整理，而是先从原著入手，对作者和原著产生的历史背景或时代背景作较为详尽的介绍和分析。然后，以研究该原著的精要思想或观点为主线，不求全面完整地反映作者及其原著的所有内容，而是突出原著中笔者认为在思想道德教育领域有重大价值的理论学说或思想精华。这些理论学说或思想精华往往反映了当时那个时代的思想先声，代表了那个时代先进文化的发展方向。将这些精要思想加以重点学习和研究，并理论联系实际、历史联系现实，进行必要的价值拓展。这样，对青年学生在修读经典文献时，学会取其精华、去其糟粕，把握原著中的思想道德教育精髓十分有用。经典名篇，并不意味着字字珠玑，而是因为其中存在着卓越的思想创见，存在着无可辩驳的真理性。让这些真理在当今的新时代重新焕发出思想的光芒，为当今的思想政治教育目标服务，为青年学生社会主义核心价值观的入耳入脑入心铺路搭桥，这是我们思想政治教育者的历史责任。笔者为此甚感欣慰。

三

中国思想道德教育的名篇应该怎么读？笔者以为，首先，要有端正的学习态度。这就是不求功利求甚解的态度。宋代理学家程颐曾经对不同的人学习《论语》，有一段精彩的刻画："读论语，有读了全然无事者，有读了后其中得一两句喜者，有读了后知好之者，有读了后直有不知手之舞之足之蹈之者。"① 可见，不同的人学习经典，态度决定一切。有些人，是被

---

① （宋）朱熹：《论语章句集注》，见宋元人注：《四书五经》（上册），中国书店1985年版，"论语序说"。

动的"要我学",所以一目十行、囫囵吞枣完成任务;有些人是附庸风雅,以经典作为文饰,装扮粉饰自身、喜欢人前卖弄;有些人则急于从经典中找到对己有用的东西,搞拿来主义、立竿见影。这些急功近利的做法显然于学无益。经典的价值所在,不是别的,而是可以丰富人的精神世界。它有助于反省人生,甄别善恶,引发人们宁静的感悟和睿智的思考。它可以更多地让人领悟摆脱动物性后的人性的尊严与高贵,从有用中辨别出高贵和美。陆游常说:"读书历见古人面,开篇时与古人游"。明清之际思想家傅山也认为,经典中"嘉严善行,安所非吾辈之师友哉!"所以,要变"要我学"为"我要学",内生的求知欲望和实在而非虚浮的学风是极其重要的。在时下急功近利极普遍的时候,耐得住寂寞,从经典中求甚解,是需要读者的一番勇气的。其次,还要讲究读书的方法。通常,"理论联系实际"的方法是放之四海而皆准的,它是马克思主义的基本立场和观点,自然也是经典名篇阅读的正确方法。除此之外,还得历史联系现实。作为经典名篇,还有一个独特的优势,那就是"历史联系现实"。常言道,以史为鉴,可以知兴替。毛泽东当年读历史经典,为的是"法其可法、戒其可戒"。他读《水浒传》,认为此书是激励人们的拼命精神;他读《资治通鉴》,先后读了七遍,得出了"治国就是治吏"的重要结论。在这位伟人那里,真正做到了"掌上千秋史,胸中百万兵"。最后,读经典名篇的方法还要学思并重。"博学之、审问之、慎思之、明辨之、笃行之"①,古人早已为我们作出了总结、提供了借鉴。

2013年8月,习近平总书记在全国宣传思想工作会议上,谈到中华文化资源与中国特色社会主义的关系时,强调四个"讲清楚",即"讲清楚每个国家和民族的历史传统、文化积淀、基本国情不同,其发展道路必然有着自己的特色;讲清楚中华文化积淀着中华民族最深沉的精神追求,是

---

① (宋)朱熹:《中庸章句集注》,见宋元人注:《四书五经》(上册),中国书店1985年版,第11页。

中华民族生生不息、发展壮大的丰厚滋养;讲清楚中华优秀传统文化是中华民族的突出优势,是我们最深厚的文化软实力;讲清楚中国特色社会主义植根于中华文化沃土、反映中国人民意愿、适应中国和时代发展进步要求,有着深厚历史渊源和广泛现实基础"[1]。《中国思想道德教育名篇精要研读》一书,就是要通过不同时代思想道德教育名篇的展示,将中华优秀文化中代表着不同时代的先进价值观念传递给青年学生。其中既有讲仁爱、重民本、守诚信、崇正义、尚和合、求大同的优秀传统价值观,又有近现代中华民族为独立、自由、民主、科学而奋起斗争的进步价值观。

时隔五年,2018年8月,中央再次召开全国宣传思想工作会议,提出"举旗帜、聚民心、育新人、兴文化、展形象"的使命任务,强调"要把优秀传统文化的精神标识提炼出来、展示出来,把优秀传统文化中具有当代价值、世界意义的文化精髓提炼出来、展示出来"[2]。的确,在即将实现"两个一百年"奋斗目标的当下,"举旗帜、聚民心、育新人、兴文化、展形象"的使命任务更为迫切,党和国家对当代青年学生寄予的厚望更加殷切。笔者欣喜地看到,《中国思想道德教育名篇精要研读》的出版,正是赶上这样的好时机,也正是适应党和国家育新人、兴文化的需要。为国家兴旺发展出一份绵薄之力,是笔者的荣幸。愿这本书能够对成长中的青年学生有所裨益。愿这本书所传递的经典名篇的先进价值观,能在青年学子们中传承并发扬光大。愿青年学子学业精进,成为有理想、有情怀、有内涵、有品位、有修养的当代新人。最后,笔者奉古人劝学佳句与君共勉:"不积跬步,无以至千里;不积小流,无以成江海。骐骥一跃,不能十步;驽马十驾,功在不舍。锲而舍之,朽木不折;锲而不舍,金石可镂。"

---

[1] 习近平:《习近平谈治国理政》第一卷,外文出版社2018年版,第155—156页。
[2] 习近平:《举旗帜聚民心育新人兴文化展形象更好完成新形势下宣传思想工作使命任务》,载《人民日报》,2018年8月23日。

第一篇 《大学》

原　文

大学之道，在明明德，在亲民，在止于至善。知止而后有定，定而后能静，静而后能安，安而后能虑，虑而后能得。物有本末，事有终始，知所先后，则近道矣。古之欲明明德于天下者，先治其国；欲治其国者，先齐其家；欲齐其家者，先修其身；欲修其身者，先正其心；欲正其心者，先诚其意；欲诚其意者，先致其知；致知在格物。物格而后知至，知至而后意诚，意诚而后心正，心正而后身修，身修而后家齐，家齐而后国治，国治而后天下平。自天子以至于庶人，壹是皆以修身为本。其本乱而末治者，否矣。其所厚者薄，而其所薄者厚，未之有也。

《康诰》曰："克明德。"《大甲》曰："顾諟天之明命。"《帝典》曰："克明峻德。"皆自明也。

汤之《盘铭》曰："苟日新，日日新，又日新。"《康诰》曰："作新民。"《诗》曰："周虽旧邦，其命惟新。"是故，君子无所不用其极。

《诗》云："邦畿千里，惟民所止。"《诗》云："缗蛮黄鸟，止于丘隅。"子曰："于止，知其所止，可以人而不如鸟乎。"《诗》云："穆穆文王，于缉熙敬止。"为人君，止于仁；为人臣，止于敬；为人子，止于孝；为人父，止于慈；与国人交，止于信。《诗》云："瞻彼淇澳，菉竹猗猗。有斐君子，如切如磋，如琢如磨。瑟兮僩兮，赫兮喧兮。有斐君子，终不可諠兮。"如切如磋者，道学也；如琢如磨者，自修也；瑟兮僩兮者，恂慄也；赫兮喧兮者，威仪也；有斐君子，终不可諠兮者，道盛德至善，民之不能忘也。《诗》云："於戏！前王不忘。"君子贤其贤而亲其亲，小人乐其乐而利其利。此以没世不忘也。

子曰："听讼，吾犹人也。必也使无讼乎！"无情者，不得尽其辞，大畏民志，此谓知本。

此谓知本，此谓知之至也。

所谓诚其意者，毋自欺也。如恶恶臭，如好好色，此之谓自谦。故君子必慎其独也。小人闲居为不善，无所不至，见君子而后厌然，掩其不善而著其善。人之视己，如见其肺肝然，则何益矣？此谓诚于中，形于外。故君子必慎其独也。曾子曰："十目所视，十手所指，其严乎！"富润屋，德润身，心广体胖。故君子必诚其意。

所谓修身在正其心者，身有所忿懥，则不得其正。有所恐惧，则不得其正。有所好乐，则不得其正。有所忧患，则不得其正。心不在焉，视而不见，听而不闻，食而不知其味。此谓修身在正其心。

所谓齐其家在修其身者，人，之其所亲爱而辟焉，之其所贱恶而辟焉，之其所畏敬而辟焉，之其所哀矜而辟焉，之其所敖惰而辟焉。故好而知其恶，恶而知其美者，天下鲜矣。故谚有之曰："人莫知其子之恶，莫知其苗之硕。"此谓身不修，不可以齐其家。

所谓治国必先齐其家者，其家不可教，而能教人者，无之。故君子不出家，而成教于国。孝者，所以事君也；弟者，所以事长也；慈者，所以使众也。《康诰》曰："如保赤子。"心诚求之，虽不中，不远矣。未有学养子而后嫁者也。一家仁，一国兴仁；一家让，一国兴让；一人贪戾，一国作乱。其机如此，此谓一言偾事，一人定国。尧舜帅天下以仁，而民从之；桀纣帅天下以暴，而民从之。其所令反其所好，而民不从。是故君子有诸己，而后求诸人；无诸己，而后非诸人。所藏乎身不恕，而能喻诸人者，未之有也。故治国在齐其家。《诗》云："桃之夭夭，其叶蓁蓁。之子于归，宜其家人。"宜其家人，而后可以教国人。《诗》云："宜兄宜弟。"宜兄宜弟，而后可以教国人。《诗》云："其仪不忒，正是四国。"其为父子兄弟足法，而后民法之也。此谓治国在齐其家。

　　所谓平天下在治其国者，上老老，而民兴孝；上长长，而民兴弟；上恤孤，而民不倍。是以君子有絜矩之道也。所恶于上，毋以使下；所恶于下，毋以事上；所恶于前，毋以先后；所恶于后，毋以从前；所恶于右，毋以交于左；所恶于左，毋以交于右。此之谓絜矩之道。《诗》云："乐只君子，民之父母。"民之所好好之，民之所恶恶之。此之谓民之父母。《诗》云："节彼南山，维石岩岩。赫赫师尹，民具尔瞻。"有国者不可以不慎；辟，则为天下僇矣。《诗》云："殷之未丧师，克配上帝。仪监于殷，峻命不易。"道得众则得国，失众则失国。是故君子先慎乎德。有德此有人，有人此有土，有土此有财，有财此有用。德者，本也；财者，末也。外本内末，争民施夺。是故财聚则民散，财散则民聚。是故言悖而出者，亦悖而入；货悖而入者，亦悖而出。《康诰》曰："惟命不于常。"道善则得之，不善则失之矣。《楚书》曰："楚国无以为宝；惟善以为宝。"舅犯曰："亡人无以为宝；仁亲以为宝。"《秦誓》曰："若有一个臣，断断兮，无他技，其心休休焉，其如有容焉。人之有技，若己有之；人之彦圣，其心好之，不啻若自其口出。寔能容之。以能保我子孙黎民，尚亦有利哉！人之有技，媢疾以恶之；人之彦圣，而违之俾不通，寔不能容。以不能保我子孙黎民，亦曰殆哉！"唯仁人放流之，迸诸四夷，不与同中国。此谓唯仁人，为能爱人，能恶人。见贤而不能举，举而不能先，命也。见不善而不能退，退而不能远，过也。好人之所恶，恶人之所好；是谓拂人之性，菑必逮夫身。是故君子有大道，必忠信以得之，骄泰以失之。生财有大道，生之者众，食之者寡，为之者疾，用之者舒，则财恒足矣。仁者以财发身，不仁者以身发财。未有上好仁，而下不好义者也；未有好义，其事不终者也；未有府库财，非其财者也。孟献子曰："畜马乘，不察于鸡豚；伐冰之家，不畜牛羊，百乘之家，不畜聚敛之臣。与其有聚敛之臣，宁有盗臣。"此谓国不以利为利，以义为利也。长国家而务财用者，必自小人矣。彼为善之，小人之使为国家，菑害并至，虽有善者，亦无如之何矣。此谓国不以利为利，以义为利也。

选自宋元人注《四书五经》上册，
朱熹注《大学章句集注》，中国书店2011年版。

精要研读

一、人物与背景

著名历史学家郭沫若在考察我国春秋战国时期百家争鸣的文化景象时曾指出:"自春秋末年以来中国的思想得到一个极大的开放,呈现出一个百家争鸣的局面,这是因为奴隶制度解体了,知识下移,民权上涨,大家正想求得一条新的韧带,以作为社会的纲领。儒墨先起,黄老继之,更进而有名、法、纵横、阴阳、兵、农各执一端,欲竟售于世,因而互相斗争,入主出奴,是丹非素。"① 这就从社会经济关系,从不同的人们之间的利益入手,揭示思想文化上的百家争鸣的物质动因。儒家作为先秦时期的显学,之所以产生于鲁国,也是因为西周"礼失而求诸野",通过邹鲁缙绅之士的传播,使周礼在鲁国得以传承成为必然。儒家的伦理道德学说,是以周公为代表的"学在官府"伦理道德的嫡派正传。② 它是对中国历史影响最大的一个学派,也是对中国伦理道德思想作出最大贡献的一个学派。

那么,何为儒?儒家学派因何而来?按照《说文》的解释:"儒,柔也,术士之称。从人,需声。"据《汉书·艺文志·诸子略》称:"儒家者流,盖出于司徒之官,助人君顺阴阳、明教化者也。"③ 胡适先生曾考证过:"儒是殷民族的礼教的教士,他们在很困难的政治状态之下,继续保存着殷人的宗教典礼,继续穿戴着殷人的衣冠。他们是殷人的教士,在六七百年中

---

① 郭沫若:《郭沫若全集》,人民出版社 1982 年版,第 402 页。
② 陈瑛:《中国伦理思想史》,湖南教育出版社 2004 年版,第 33 页。
③ 《汉书·艺文志》,见朱贻庭主编:《伦理学大辞典》,上海辞书出版社 2002 年版,第 394 页。

渐渐变成了绝大多数人民的教师。他们的职业还是治丧、相礼、教学；但他们的礼教已渐渐行到统治阶级那里了，向他们问礼的，不但有各国的权臣，还有齐、鲁、卫的国君了。"①从先秦至汉初，儒家学派被列为当时"九流十家之首"。在儒家中，孔子首创仁学伦理思想，孟子和荀子作了进一步的发挥和完善。先秦儒家在道德本源、道德规范、道德作用、道德修养、人性论、义利观等方面，为后来儒家伦理思想的发展奠定了坚实的基础。

《大学》，原为《礼记》中的一篇。作为儒家经典"四书"之一，"旧传为春秋曾子所作（此种观点的主要依据为朱熹的《大学章句》——编者），近代许多学者则认为是秦汉之际儒家作品"②。由于其在思想史上的地位，唐代韩愈、李翱将其视为与《孟子》《周易》同等重要的经书。北宋二程即程颐、程颢将《大学》和《中庸》与《论语》《孟子》并称。而将这四者并称为"四书"的，则是始于南宋朱熹。朱熹将《大学》《中庸》《论语》《孟子》四部著作汇编在一起，并加注释，名为《四书集注》，于南宋光宗绍熙元年（1190年）朱熹知漳州时刊行，"四书"名称由此确立。"元朝延祐年间（1314—1320年），朝廷明令以《四书集注》考试士子。自此讫至清末，沿习不变。"③《四书集注》在我国思想史上影响深远，它统治中国封建社会的思想达七百年之久，作为代圣立言的依据，非他书所能企及。

朱熹（1130—1200年），南宋哲学家、教育家。字元晦，别号考亭、紫阳。徽州婺源（今属江西上饶）人，居建阳（今福建武夷山）。青年时师事李侗，为程门四传弟子。他是中国封建社会后期知识渊博、影响深远的学者。"博极群书，自经史著述外，凡夫诸子、佛老、天文、地理之学，

---

① 胡适：《说儒》，漓江出版社2013年版，第45页。
② 朱贻庭主编：《伦理学大辞典》，上海辞书出版社2002年版，第499页。
③ 刘俊田、林松、禹克坤：《四书全译》，贵州人民出版社1988年版，"前言"。

无不涉猎而讲究也。"① 哲学上主要继承发展北宋二程的"理气"关系学说，确立了完整、精密、独特的理学思想体系，为理学之集大成者。"天理""理"是朱熹哲学和伦理思想的最高范畴。他将"理"视为宇宙根本，而"理"只是一个抽象的精神本体。朱熹倡导的"理学"，成为中国封建社会后期统治阶级的理论工具，在明清两代被提高到儒学正宗的地位。其博览和精密分析的学风对后世也有很大影响。

在《大学章句集注》中，朱熹重新编定《大学》章次，并为它作"经""传"之分。认为"经"为孔子之言，曾子述之；"传"是曾子之意，而门人记之。朱熹继承先学崇尚经典之道，推崇《大学》是"为学纲目"和修身治人的基础，并将其作为"四书"中的"初学入德之门"。告诫后人此乃对"国家化民成俗、学者修己治人"有重要作用。

二、精要论点

《大学》全书由经一章、传十章构成。"经"，是对《大学》中的基本观点和原理的精要论述；而"传"，是对这些基本观点和原理的论证和解释。

（一）提出"三纲领""八条目"的重要论题

经一章，开宗明义通过"三纲领""八条目"的表述，集中阐明儒家所追求的人生理想和奋斗目标，以及达到目标的途径。"三纲领"是"明明德""亲民""止于至善"。在中国古代哲学、政治学中，"道"有时指的是规律、原则；有时指的是一定的政治观或思想体系；有时又指宇宙万物的本体、本源。儒家认为，作为培养有"大人之器"的《大学》，其目标是高远的，就是要沿着成己、成人之路，达到至善的境地。儒家还认为，人生来就具备善良的德行，即"明德"，只是在后天中，"明德"因受到物

---

① 《宋元学案·晦庵学案》，见朱贻庭主编：《伦理学大辞典》，上海辞书出版社2002年版，第446页。

质利益的蒙蔽、个人褊狭气质的拘束等而被掩盖起来。所以，需要经过教育，把各自原有的明德重新挖掘出来并发扬光大。除了挖掘自身的明德外，还要革新民心，使天下人都弃旧图新、去恶从善，从而使整个社会达到道德完善的境地。

"八条目"是格物、致知、诚意、正心、修身、齐家、治国、平天下。其中，修身是根本。前四目是修身的方法，后三目是修身的目的。儒家注重向内探求，深信只要主观努力，"人皆可以为尧舜"，始终强调个体修身对于治理家庭、国家、社会的重要意义。身不修则家不齐；家不齐则国不治；国不治则难以天下平。因此，"自天子以至于庶人，壹是皆以修身为本"。若是本末颠倒，便一定不会成功；即便一时成功也必不可长久。那么该如何修身呢？那便要讲究格物、致知、诚意、正心等方法。首先是"格物"。按照朱熹的理解，"格物"是穷究物理，"言欲致吾之知，在即物而穷其理也"。意思是经过穷究物理，才能认识明确，而认识明确后意念才会真诚无妄，心思才会端正，心思端正以后才能修养品性。这四目的修身方法有着严密的逻辑关联，它道出了儒家对"修身"的高度重视。

（二）提出"慎独"的重要命题

"所谓诚其意者，毋自欺也。如恶恶臭，如好好色，此之谓自谦。故君子必慎其独也……此谓诚于中，形于外。故君子必慎其独也。"儒家认为，"诚意"是修身的前提。而怎样才算是"诚"呢？不自欺就是诚。一个人若是言行不一、表里不一或言不由衷，就等于自己骗了自己。那么，怎样才是不自欺抑或不自欺的标准何在？那就是"慎独"。所谓"慎独"，即君子在个人独处时一定须谨慎自己的行为符合当时社会的道德规范，符合自己一贯的表白，做到言行一致。个人独处意味着别人看不到、闻不着，或是身处与你不相干的人群中，与你构不成任何威胁。此种情形下，君子依然要保持自己行为的表里如一。否则就是自欺，而自欺就是心不诚的表现，那就谈不上修身。作为君子，"富润屋，德润身"，修养好自己的品行，就会胸襟宽广、问心无愧。

朱熹在为《大学》作"章句"的过程中，关于"慎独"的解释，一定意义上继承了东汉郑玄的说法，但他从理学的观点进行了发挥，创造性地拓展了对"慎独"的传统理解。他对"独"的内涵作了拓展，将之从个人外在的行为领域扩大到了内在的意念、思想领域。朱熹在《大学章句》中说："独者，人所不知而己所独知之地也。"①此处之"独"，不仅包括个人在空间的独处，而且包括个人内心意念刚刚萌发而众人不知我独知的"独"。朱熹强调：慎独之独，亦非特在幽隐人所不见处。只他人所不知，虽在众中，便是独。"这独又不是怎地独时，如与众人对坐，自心中发一念，或正或不正，此亦是独处。"可见，朱熹将"独"从个人独居的空间扩展到一个虽在众人中但缺乏外界舆论压力的空间。哪怕是不为人知的个人念想，也必须告诫自己须"谨慎"。

（三）提出"絜矩之道"的重要命题

被孙中山称为古代中国政治哲学的《大学》，旨在启迪有志有为之君子的宏大智慧。"所谓平天下在治其国者，上老老，而民兴孝；上长长，而民兴弟；上恤孤，而民不倍。是以君子有絜矩之道也。""絜"者，度量的意思；"矩"者，古代制作方形物件的工具。"絜矩之道"，即借喻君子的一言一行要有示范作用，为官者的举手投足应当成为老百姓的榜样。譬如，在上位的人尊敬老者，一国的百姓就会兴起"孝"道之风；在上位的人尊敬长辈，一国的百姓就会谨守"悌"道；在上位的人救济孤儿，一国的百姓就不会背叛君主。所以，君子的言行对于百姓有重要的示范作用，治国者应当实行"絜矩"示范的原则。但需要指出的是，"絜矩"示范有正反两方面的效应。正面示范有正效应，负面示范也必然有负效应。《大学》有言："所恶于上，毋以使下；所恶于下，毋以事上；所恶于前，毋

---

① 朱熹：《大学章句集注》，见宋元人注：《四书五经》（上册），中国书店 1985 年版，第 4 页。

以先后；所恶于后，毋以从前；所恶于右，毋以交于左；所恶于左，毋以交于右。此之谓絜矩之道。"当然，这只是最起码的"絜矩之道"，就是"己所不欲，勿施于人"。而"絜矩之道"还有很多更高层次的作为，譬如信守承诺、廉洁勤俭、身先士卒、公而忘私等。君子一刻也不能忘记自己的身份，需谨守"絜矩之道"。

（四）提出"德本财末""国不以利为利，以义为利"的重要思想

《大学》在传第十章中，辩证地分析了治国的得与失、用人的取与舍、财富的本与末、国家的义与利等多对矛盾关系，谆谆告诫治国者应当摆正本与末的关系。本与末兼得的状态当然是最为理想的。但世上的事不如意十有八九，舍末求本是智慧的表现，而如果舍本求末，则江山不保。治国者以德为本，守住"本"，则百姓拥戴、江山永固。治国者必须从大处、远处筹谋，不能仅顾小利或近利；必须以百姓利益为着眼点，不能仅重视一姓家族或统治集团的利益；国家不能以利为利，不能仅考虑财物的聚敛，而应当以义为利，义就是利，是大利。试问，还有什么利能比拥有江山、拥有天下更大的呢？而要达到这样的境界，就需要治国者高超的道德智慧，以德治国、以德治理天下。"是故君子先慎乎德。有德此有人，有人此有土，有土此有财，有财此有用。德者，本也；财者，末也。外本内末，争民施夺。是故财聚则民散，财散则民聚。""国不以利为利，以义为利也。"

三、影响与价值

第一，《大学》是一篇富含深邃的政治哲理和伦理精神的人文经典，其思辨的哲学逻辑和深刻的人生智慧，不仅为古代统治者治国安邦指点迷津，而且具有不朽的时空穿越力，对当代国家治理也有重要的启迪作用。它以哲学的思辨展现了治国理政中德本、民本的核心价值取向；它以清醒的政治思维和高度的自律精神，对有志于从政者提出了较高的政治伦理要

求。这些充满正能量的政治伦理话语，可以为当代中国共产党人的执政价值观提供借鉴。

第二，《大学》将儒家修齐治平的政治远见与君子脚踏实地的道德操守联系起来，对为政者的品性以及如何为政，提出了一系列的道德标准。这对于当代中国共产党的自身建设和执政能力建设具有一定的借鉴作用。它提出的"修身为本"的要求，虽然有失偏颇之处，但对党员干部的道德提升，依然具有教育意义。2015 年，中央决定在县处级以上领导干部中开展以"严以修身、严以用权、严以律己，谋事要实、创业要实、做人要实"为主要内容的"三严三实"专题教育，其目的就是要锤炼领导干部队伍，加强领导干部的自身建设，让他们在群众中树立好形象、起表率作用。

第三，《大学》提出的关于义利、财富、本末、用人等方面一系列的价值选择和评判标准，精彩地展现了儒家远大的政治眼界和人生价值观。这为当今青年的正确人生价值观教育，提供了难得的思想资料和范本。经过一番取其精华、去其糟粕的"扬弃"，从思想性、学术性和可读性来说，《大学》本身就是一部不可复制的思想道德教育的优秀教材。《大学》言简意赅，其中名言警句荟萃、哲理意味深长、逻辑严谨有序、文笔酣畅淋漓，令人终身受用、回味无穷。

第二篇 《中庸》

原　文

　　天命之谓性，率性之谓道，修道之谓教。道也者，不可须臾离也，可离非道也。是故君子戒慎乎其所不睹，恐惧乎其所不闻。莫见乎隐，莫显乎微，故君子慎其独也。喜怒哀乐之未发，谓之中；发而皆中节，谓之和；中也者，天下之大本也；和也者，天下之达道也。致中和，天地位焉，万物育焉。

　　仲尼曰："君子中庸，小人反中庸，君子之中庸也，君子而时中；小人之中庸也，小人而无忌惮也。"

　　子曰："中庸其至矣乎！民鲜能久矣！"

　　子曰："道之不行也，我知之矣：知者过之，愚者不及也。道之不明也，我知之矣：贤者过之，不肖者不及也。人莫不饮食也，鲜能知味也。"

　　子曰："道其不行矣夫！"

　　子曰："舜其大知也与！舜好问而好察迩言，隐恶而扬善，执其两端，用其中于民，其斯以为舜乎！"

　　子曰："人皆曰予知，驱而纳诸罟擭陷阱之中，而莫之知辟也。人皆曰予知，择乎中庸，而不能期月守也。"

　　子曰："回之为人也，择乎中庸，得一善，则拳拳服膺而弗失之矣。"

　　子曰："天下国家可均也，爵禄可辞也，白刃可蹈也，中庸不可能也。"

　　子路问强，子曰："南方之强与？北方之强与？抑而强与？宽柔以教，不报无道，南方之强也，君子居之。衽金革，死而不厌，北方之强也，而强者居之。故君子和而不流，强哉矫！中立而不倚，强哉矫！国有道，不变塞焉，强哉矫！国无道，至死不变，强哉矫！"

子曰："素隐行怪，后世有述焉，吾弗为之矣。君子遵道而行，半途而废，吾弗能已矣。君子依乎中庸，遁世不见知而不悔，唯圣者能之。"

君子之道，费而隐。夫妇之愚，可以与知焉，及其至也，虽圣人亦有所不知焉。夫妇之不肖，可以能行焉；及其至也，虽圣人亦有所不能焉。天地之大也，人犹有所憾。故君子语大，天下莫能载焉；语小，天下莫能破焉。《诗》云："鸢飞戾天，鱼跃于渊。"言其上下察也。君子之道，造端乎夫妇，及其至也，察乎天地。

子曰："道不远人，人之为道而远人，不可以为道。《诗》云：'伐柯，伐柯，其则不远。'执柯以伐柯，睨而视之，犹以为远。故君子以人治人，改而止。忠恕违道不远，施诸己而不愿，亦勿施于人。君子之道四，丘未能一焉，所求乎子，以事父，未能也；所求乎臣，以事君，未能也；所求乎弟，以事兄，未能也；所求乎朋友，先施之，未能也。庸德之行，庸言之谨；有所不足，不敢不勉，有余，不敢尽；言顾行，行顾言，君子胡不慥慥尔！"

君子素其位而行，不愿乎其外。素富贵，行乎富贵；素贫贱，行乎贫贱；素夷狄，行乎夷狄；素患难行乎患难，君子无入而不自得焉。在上位不陵下，在下位不援上，正己而不求于人，则无怨。上不怨天，下不尤人。故君子居易以俟命。小人行险以侥幸。子曰："射有似乎君子，失诸正鹄，反求诸其身。"

君子之道，辟如行远必自迩，辟如登高必自卑。《诗》曰："妻子好合，如鼓瑟琴。兄弟既翕，和乐且耽。宜尔室家，乐尔妻帑。"子曰："父母其顺矣乎！"

子曰："鬼神之为德，其盛矣乎？视之而弗见，听之而弗闻，体物而不可遗，使天下之人齐明盛服，以承祭祀。洋洋乎如在其上，如在其左右。《诗》曰：'神之格思，不可度思！矧可射思！'夫微之显，诚之不可掩如此夫。"

子曰:"舜其大孝也与!德为圣人,尊为天子,富有四海之内。宗庙飨之,子孙保之。故大德必得其位,必得其禄。必得其名,必得其寿,故天之生物,必因其材而笃焉。故栽者培之,倾者覆之。《诗》曰:'嘉乐君子,宪宪令德。宜民宜人,受禄于天,保佑命之,自天申之。'故大德者必受命。"

子曰:"无忧者,其惟文王乎!以王季为父,以武王为子,父作之,子述之。武王缵大王、王季、文王之绪,壹戎衣而有天下。身不失天下之显名,尊为天子,富有四海之内。宗庙飨之,子孙保之。武王末受命,周公成文、武之德,追王大王、王季,上祀先公以天子之礼。斯礼也,达乎诸侯大夫,及士庶人。父为大夫,子为士,葬以大夫,祭以士。父为士,子为大夫,葬以士,祭以大夫。期之丧,达乎大夫。三年之丧,达乎天子。父母之丧,无贵贱一也。"

子曰:"武王、周公,其达孝矣乎!夫孝者,善继人之志,善述人之事者也。春秋修其祖庙,陈其宗器,设其裳衣,荐其时食。宗庙之礼,所以序昭穆也。序爵,所以辨贵贱也。序事,所以辨贤也。旅酬下为上,所以逮贱也。燕毛,所以序齿也。践其位,行其礼,奏其乐,敬其所尊,爱其所亲,事死如事生,事亡如事存,孝之至也。郊社之礼,所以事上帝也。宗庙之礼,所以祀乎其先也。明乎郊社之礼、禘尝之义,治国其如示诸掌乎!"

哀公问政。子曰:"文武之政,布在方策。其人存,则其政举;其人亡,则其政息。人道敏政,地道敏树。夫政也者,蒲卢也。故为政在人,取人以身,修身以道,修道以仁。仁者人也。亲亲为大;义者宜也。尊贤为大。亲亲之杀,尊贤之等,礼所生也。在下位不获乎上,民不可得而治矣!故君子不可以不修身;思修身,不可以不事亲;思事亲,不可以不知人,思知人,不可以不知天。"天下之达道五,所以行之者三。曰:君臣也，父子也，夫妇也，昆弟也，朋友之交也，五者天下之达道也。知，仁，勇，三者天下之达德也，所以行之者一也。或生而知之，或学而知之，或困而知之，及其知之一也。或安而行之，或利而行之，或勉强而行之，及其成功一也。子曰："好学近乎知，力行近乎仁，知耻近乎勇。知斯三者，则知所以修身；知所以修身，则知所以治人；知所以治人，则知所以治天下国家矣。凡为天下国家有九经，曰：修身也。尊贤也，亲亲也，敬大臣也，体群臣也。子庶民也，来百工也，柔远人也，怀诸侯也。修身则道立，尊贤则不惑，亲亲则诸父昆弟不怨，敬大臣则不眩，体群臣则士之报礼重，子庶民则百姓劝，来百工则财用足，柔远人则四方归之，怀诸侯则天下畏之。齐明盛服，非礼不动。所以修身也；去谗远色，贱货而贵德，所以劝贤也；尊其位，重其禄，同其好恶，所以劝亲亲也；官盛任使，所以劝大臣也；忠信重禄，所以劝士也；时使薄敛，所以劝百姓也；日省月试，既禀称事，所以劝百工也；送往迎来，嘉善而矜不能，所以柔远人也；继绝世，举废国，治乱持危，朝聘以时，厚往而薄来，所以怀诸侯也。凡为天下国家有九经，所以行之者一也。凡事豫则立，不豫则废。言前定则不跲，事前定则不困，行前定则不疚，道前定则不穷。在下位不获乎上，民不可得而治矣。获乎上有道，不信乎朋友，不获乎上矣；信乎朋友有道，不顺乎亲，不信乎朋友矣；顺乎亲有道，反诸身不诚，不顺乎亲矣；诚身有道，不明乎善，不诚乎身矣。诚者，天之道也；诚之者，人之道也。诚者不勉而中，不思而得，从容中道，圣人也。诚之者，择善而固执之者也。博学之，审问之，慎思之，明辨之，笃行之。有弗学，学之弗能，弗措也；有弗问，问之弗知，弗措也；有弗思，思之弗得，弗措也；有弗辨，辨之弗明，弗措也；有弗行，行之弗笃，弗措也。人一能之己百之，人十能之己千之。果能此道矣。虽愚必明，虽柔必强。"

　　自诚明，谓之性。自明诚，谓之教。诚则明矣，明则诚矣。

　　唯天下至诚，为能尽其性；能尽其性，则能尽人之性；能尽人之性，则能尽物之性；能尽物之性，则可以赞天地之化育；可以赞天地之化育，则可以与天地参矣。

其次致曲。曲能有诚，诚则形，形则著，著则明，明则动，动则变，变则化。唯天下至诚为能化。

至诚之道，可以前知。国家将兴，必有祯祥；国家将亡，必有妖孽。见乎蓍龟，动乎四体。祸福将至，善，必先知之；不善，必先知之。故至诚如神。

诚者自成也，而道自道也。诚者物之终始，不诚无物。是故君子诚之为贵。诚者非自成己而已也，所以成物也。成己，仁也；成物，知也。性之德也，合外内之道也，故时措之宜也。

故至诚无息，不息则久，久则征；征则悠远，悠远则博厚，博厚则高明。博厚，所以载物也；高明，所以覆物也；悠久，所以成物也。博厚配地，高明配天，悠久无疆。如此者，不见而章，不动而变，无为而成。天地之道，可一言而尽也。其为物不贰，则其生物不测。天地之道，博也，厚也，高也，明也，悠也，久也。今夫天，斯昭昭之多，及其无穷也，日月星辰系焉，万物覆焉。今夫地，一撮土之多。及其广厚，载华岳而不重，振河海而不泄，万物载焉。今夫山，一卷石之多，及其广大，草木生之，禽兽居之，宝藏兴焉，今夫水，一勺之多，及其不测，鼋、鼍、蛟龙、鱼鳖生焉，货财殖焉。《诗》云："惟天之命，于穆不已！"盖曰天之所以为天也。"于乎不显，文王之德之纯！"盖曰文王之所以为文也，纯亦不已。

大哉圣人之道。洋洋乎发育万物，峻极于天。优优大哉！礼仪三百，威仪三千。待其人而后行。故曰：苟不至德，至道不凝焉。故君子尊德性而道问学。致广大而尽精微。极高明而道中庸。温故而知新，敦厚以崇礼。是故居上不骄，为下不倍；国有道，其言足以兴；国无道，其默足以容。《诗》曰："既明且哲，以保其身。"其此之谓与！

子曰:"愚而好自用,贱而好自专,生乎今之世,反古之道:如此者,灾及其身者也。"非天子,不议礼,不制度,不考文。今天下车同轨,书同文,行同伦。虽有其位,苟无其德,不敢作礼乐焉;虽有其德。苟无其位,亦不敢作礼乐焉。子曰:"吾说夏礼,杞不足徵也。吾学殷礼,有宋存焉。吾学周礼,今用之,吾从周。"

王天下有三重焉,其寡过矣乎!上焉者,虽善无徵,无徵不信,不信民弗从;下焉者,虽善不尊,不尊不信,不信民弗从。故君子之道:本诸身,徵诸庶民,考诸三王而不缪,建诸天地而不悖,质诸鬼神而无疑,百世以俟圣人而不惑。质诸鬼神而无疑,知天也;百世以俟圣人而不惑,知人也。是故君子动而世为天下道,行而世为天下法,言而世为天下则。远之则有望,近之则不厌。《诗》曰:"在彼无恶,在此无射。庶几夙夜,以永终誉!"君子未有不如此而蚤有誉于天下者也。

仲尼祖述尧舜,宪章文武:上律天时,下袭水土。辟如天地之无不持载,无不覆帱,辟如四时之错行,如日月之代明。万物并育而不相害,道并行而不相悖,小德川流,大德敦化,此天地之所以为大也。

唯天下至圣,为能聪明睿知,足以有临也;宽裕温柔,足以有容也;发强刚毅,足以有执也;齐庄中正,足以有敬也;文理密察,足以有别也。溥博渊泉,而时出之。溥博如天,渊泉如渊。见而民莫不敬,言而民莫不信,行而民莫不说。是以声名洋溢乎中国,施及蛮貊。舟车所至,人力所通,天之所覆,地之所载,日月所照,霜露所队,凡有血气者,莫不尊亲,故曰配天。

唯天下至诚,为能经纶天下之大经,立天下之大本,知天地之化育。夫焉有所倚?肫肫其仁!渊渊其渊!浩浩其天!苟不固聪明圣知达天德者,其孰能知之?

《诗》曰:"衣锦尚䌹",恶其文之著也。故君子之道,闇然而日章;小人之道,的然而日亡。君子之道:淡而不厌,简而文,温而理,知远之近，知风之自，知微之显，可与入德矣。《诗》云："潜虽伏矣，亦孔之昭！"故君子内省不疚，无恶于志。君子之所不可及者，其唯人之所不见乎！《诗》云："相在尔室，尚不愧于屋漏。"故君子不动而敬，不言而信。《诗》曰："奏假无言，时靡有争。"是故君子不赏而民劝，不怒而民威于铁钺。《诗》曰："不显惟德！百辟其刑之。"是故君子笃恭而天下平。《诗》云："予怀明德，不大声以色。"子曰："声色之于以化民。末也。"《诗》曰："德輶如毛。"毛犹有伦，上天之载，无声无臭，至矣！

选自宋元人注《四书五经》上册，
朱熹注《中庸章句集注》，中国书店2011年版。

精要研读

一、人物与背景

《中庸》原是《礼记》中的一篇。关于《中庸》的作者，历史上有过多次争论。汉代司马迁在《史记·孔子世家》中认为子思作《中庸》[①]，郑玄、朱熹等人都持同样观点，认为《中庸》为孔子的孙子子思所作。今人张岱年先生经研究指出，《中庸》大部分是子思所著，个别章节是后人附会的。目前，学术界较为流行的一种看法是：《中庸》中虽有一些内容确系秦汉之际儒者所增，但其主体部分则是战国时期思孟学派的作品。[②] 子思（前483—前402年），姓孔，名伋，战国初年思想家，相传是曾参的弟子。孟子授业于子思的门人，继承并发挥了子思的思想，形成思孟学派。后人尊称子思为"述圣"。《汉书·艺文志》曾著录《子思》二十三篇，已佚。现存《礼记》中的《中庸》《表记》《坊记》，相传是他的著作。

《中庸》是《礼记》中最富哲学、伦理思想的篇目。它集中论述了"中庸"和"诚"的思想。首先，它以"中和"解释"中庸"，发挥了孔子"过犹不及"的思想智慧，要求人们依乎中道而行，不"过"亦无"不及"，并将其视为君子的道德原则。《中庸》从矛盾统一性的视角，揭示了对立面的双方既斗争又统一、达到和谐的理想状态的境界。不仅要求个人依乎中庸而行，而且社会国家为维护一定的秩序，也必须恪守中庸之道。其次，认为"诚"是天之道，是"物之终始"，君子以"诚之为贵"，把

[①] 唐凯麟、邓名瑛：《中国伦理学名著提要》，湖南师范大学出版社2001年版，第109页。
[②] 唐凯麟、邓名瑛：《中国伦理学名著提要》，湖南师范大学出版社2001年版，第109页。

"至诚"看作是达到天人合一的最高修养境界。这样的价值推论其思想基础在于：儒家认为，中道是天地运行的根本法则，也是取法于天的人类社会有序运行的基本原则。人们按照中道行事，按照"礼"的要求行事，才是顺应天地的。在此我们看到，儒家是把"中庸"视为一种宇宙观、方法论和道德境界的。应当看到，《中庸》积淀了儒家学派处理社会矛盾、协调社会关系的政治经验，它集政治、道德智慧于一身，充满思辨的意味。它带给后人的人生启迪是无限的。

二、精要论点

（一）关于中庸的内涵

《中庸》开篇第一章就对"中庸"进行解释："喜怒哀乐之未发，谓之中；发而皆中节，谓之和；中也者，天下之大本也；和也者，天下之达道也。"意思是：喜怒哀乐作为人的感情，还未表现于外时，内心虚静沉稳，称为"中"。当这些感情表现出来后符合常理、无所乖戾，称为"和"。"中"是天下的根本；"和"是贯通天下的原则。这是子思对孔子中庸思想的阐释和发挥。孔子曾指出："中庸之为德，其至矣乎，民鲜久矣！"[①] 他将"中庸"视为最高的美德。认为一个人若能保持事举而中的状态，是最难能可贵的。子思发挥了孔子思想，赋予"中庸"以"中和"的新意，并把它作为天地万物的法则。后世大儒在领会"中庸"时，充分肯定了子思的贡献。如宋儒二程认为："不偏之谓中，不易之谓庸。中者，天下之正道，庸者天下之定理。"[②] 这一思想在朱熹那里也得到引用。朱熹也认为："中庸者，不偏不倚，无过不及，而平常之理。"[③]

在汉语语境中，"中"有中正、中和、不偏不倚等义；"庸"有平常、

[①] 朱熹：《论语章句集注》，见宋元人注：《四书五经》（上册），中国书店1985年版，第26页。
[②] 朱熹：《中庸章句集注》，见宋元人注：《四书五经》（上册），中国书店1985年版，第1页。
[③] 朱熹：《中庸章句集注》，见宋元人注：《四书五经》（上册），中国书店1985年版，第2页。

常道、用等义。子思认为，把持中庸最根本的就是"执其两端用其中于民"①，这是统治者治国的最高境界。通常，在好与坏、是与非、正确与错误的两端之间寻求中间道路，那就是以"和稀泥"的办法回避与调和矛盾，模棱两可、态度暧昧，说到底，这是一种折中主义，也是孔子所指责的"乡愿"。必须指出，"中庸"与折中主义存在着根本的区别。看起来，二者均属"执其两端而用中"，形式上相似，但"中庸"的两端，是"过"与"不及"的两端，是恶的两端，是给他人和社会带来不良后果的两端。任何事物在量变过程中都有一个"度"，过犹不及，"过"与"不及"两种状态的社会效果都是不良的，只有"适度"才是最佳的，才是有利于自身、他人和社会的善。"中庸"就是要求在这些"过"与"不及"之间、在恶的两端之间，择取其中善的状态。

（二）关于中庸与人生的关系

中庸是至德，十分难能可贵。有道是："天下国家可均也，爵禄可辞也，白刃可蹈也，中庸不可能也。"② 然而，它并非高高在上，并非是圣人的专属而常人不能企及。孔子及子思都认为，中庸之道说它高深亦高深；说它浅显亦浅显，它存在于人们日常生活之中，不因人们身份、地位的差别而厚此薄彼。由此儒家鼓励人们在日常生活中习得中庸之道。"君子之道费而隐。夫妇之愚可以与知焉，及其至也，虽圣人亦有所不知焉。夫妇之不肖，可以能行焉，及其至也，虽圣人亦有所不能焉。"③ 这就是说，中庸之道既广大又精微，其大无外，其小无内。近至普通百姓居室之所，远而至于圣人天地之间不能尽。其中的道理隐而莫之见，可知可行之处，连普通百姓都能知晓和做到；但它的精深之处，恐怕连圣人都未必能及。然

---

① 朱熹：《中庸章句集注》，见宋元人注：《四书五经》（上册），中国书店1985年版，第3页。
② 朱熹：《中庸章句集注》，见宋元人注：《四书五经》（上册），中国书店1985年版，第3页。
③ 朱熹：《中庸章句集注》，见宋元人注：《四书五经》（上册），中国书店1985年版，第4页。

而,"道不远人,人之为道而远人,不可以为道"①。中庸之道始终在人们生活中存在,就怕我们骑驴找驴。正像我们拿着斧头去伐木,斧柄是木头做的,做柄的方法其实离我们并不远。同理,为人处世的恰当方法其实在生活中也常见。譬如,如果我们能够在与人相处中做到"忠"和"恕",那就离中庸之道不远了。"忠"者,尽其在我;"恕"者,推己及人。一方面,我们对待他人时,尽自己所能给人以帮助;另一方面,设身处地为他人着想,己立立人、己达达人,己所不欲,勿施于人。

《中庸》强调:"君子之道,辟如行远必自迩,辟如登高必自卑。"②这就是说,达到中庸这样的至德是完全可能的。只要我们锲而不舍地努力,从小处、低处做起,从身边的事情做起,日积月累,就能达到目标,实现心中的道德理想。

(三)关于"诚"的思想

"诚"在《中庸》中是被当作宇宙本体、世界本原来看待的。它也是最高的哲学、伦理学范畴。"故至诚无息。不息则久,久则征,征则悠远,悠远则博厚,博厚则高明。博厚,所以载物也;高明,所以覆物也;悠久,所以成物也。博厚配地,高明配天,悠久无疆。如此者,不见而章,不动而变,无为而成。"③这就是说,"诚"是生成、化育万物的根本源泉。"诚"作为宇宙本体,虽没有具体的形体,却能孕育、化生万物,无处不在地彰显自己。诚者,天之道。"诚者不勉而中,不思而得,从容中道。"④中庸之道内在地蕴含在"诚"这一宇宙本体中,"诚"自然而然地表现出中道原则。

既然"诚"是天之道,那么顺应这个"诚"就是人之道。《中庸》有

---

① 朱熹:《中庸章句集注》,见宋元人注:《四书五经》(上册),中国书店1985年版,第5页。
② 朱熹:《中庸章句集注》,见宋元人注:《四书五经》(上册),中国书店1985年版,第6页。
③ 朱熹:《中庸章句集注》,见宋元人注:《四书五经》(上册),中国书店1985年版,第13页。
④ 朱熹:《中庸章句集注》,见宋元人注:《四书五经》(上册),中国书店1985年版,第10页。

言:"诚之者,人之道也。"所谓"诚之",就是按照天之道,择乎中庸,一心一意行仁,择善而固执。"故凡至诚之人,其神凝而不散,其心正而眸子瞭然,一望而知其诚恳、真诚、诚挚与热诚,其言也忠信而爽直,其行也笃敬而强毅,故曰'诚于中,形于外'。"①唯有"诚之"才能达到"至诚"如神的境界,从而与天地共存。儒家认为,"诚"是道德的源泉,是正心的前提,是修身的基础,是修道者所必备的先决条件。诚之者,人之道。达到这种境界的人可以与天地并立。

(四) 关于恪守中庸之道的教诲

中庸既是天之道,恪守中庸、顺天行事便是人们应有的处事态度。个人依照中庸而行,不是一时一事、一朝一夕,而是要长久地执守,做到择善而固执。而要达到这个境界,首先,需要有"慎独"的精神。我们不能将中庸作为粉饰自己的招牌或炫耀自己的工具,而是要忠实地、发自内心地克己行仁,任何条件下都矢志不移。其次,需要一定的方法和路径。儒家为此提出"尊德性"和"道问学"。前者既是保存、发扬自己本有的善性;后者即通过后天的学习将"诚"体现出来,博学、审问、慎思、明辨、笃行等便是主要的途径。

"中庸"不仅是个人安身立命的准则,也是国家长治久安、稳定昌盛的法宝。《中庸》有言:"凡为天下国家有九经,所以行之者一也。"②所谓"九经",指的是治理天下国家的九条经验,即修身、尊贤、亲亲、敬大臣、体群臣、子庶民、来百工、柔远人、怀诸侯。那什么是"一"?根据朱熹的说法,一者,诚也。就是说要修明九经,关键在于一个"诚"字。唯有诚,唯有依乎中庸,才能将天下国家治理好、运筹于帷幄之中。此外,社会秩序和人伦关系的维护也须恪守中庸之道。至于如何处理好社会

---

① 陈立夫:《四书道贯》,中国友谊出版公司1991年版,第231页。
② 朱熹:《中庸章句集注》,见宋元人注:《四书五经》(上册),中国书店1985年版,第10页。

中的各种人际关系，《中庸》提出，"五达道""三达德"。前者指君臣、父子、夫妇、兄弟、朋友这五种基本的人际关系，必须遵循君义臣忠、父慈子孝、夫义妇顺、兄友弟恭、朋友有信的伦理规范；后者指智、仁、勇。"好学近乎智，力行近乎仁，知耻近乎勇"①，若是人人都践行"三达德"，那么"五达道"就能通行于天下。

（五）关于"十六字心法"

在《中庸章句集注》序中，朱熹引用韩愈的"道统"说，将"中庸"思想的要旨"允执厥中"看成是"孔门传授心法"，并从理学思想出发对其作了精彩的哲学分析。"十六字心法"为：人心惟危，道心惟微，惟精惟一，允执厥中。②其中，隐含着几对哲学的矛盾范畴，即人心与道心、危与微、精与一。朱熹接受了北宋思想家张载提出的关于人性的"天命之性"与"气质之性"的划分，认为"天命之性"产生的是人的道心，"气质之性"产生的是人心。当人们受气质所秉和现实生活的物欲利诱所干扰时，人心便危殆而躁动不安，道心便微小而难见。这种状态若不知所以治之，就会危者愈危，微者愈微。道心就会有被人心吞噬的危险。怎么办呢？朱熹认为，儒家主张的是："精则察乎二者之间而不杂也，一则守其本心之正而不离也，从事于斯，无少间断。必使道心常为一身之主而人心每听命焉。"③这样，就会有新的景象出现，即危者安，微者著，道心在人性中占了上风。当此时，人们执守着中庸、中道行事做人，便不会有过或不及的差错了。在此，"精"，就是在判断中选择，它需要人们的价值判断力和识别力，价值判断的标准就是合不合乎"道"。而"一"，就是择善固执，守死善道。它需要的是勇气和信念，不论艰难困苦或荣华富贵，都要坚持和谨守。

---

① 朱熹：《中庸章句集注》，见宋元人注：《四书五经》（上册），中国书店1985年版，第9页。
② 朱熹：《中庸章句集注》，见宋元人注：《四书五经》（上册），中国书店1985年版，"序"。
③ 朱熹：《中庸章句集注》，见宋元人注：《四书五经》（上册），中国书店1985年版，"序"。

三、影响与价值

第一,《中庸》是世界观与方法论完美结合的典范之作,是道德哲学的典范之作。关于宇宙本体论的问题,无论是在先秦儒家的学说,还是在整个中国古代哲学中,都较少涉猎,但《中庸》是例外。作者将至德"中庸"提高到世界本源的高度来认识,把道德范畴的"诚"也提到了"天之道"的本体论高度,并将这些对世界的认识作为指导人类社会有序运行的最高准则,使之有了方法论的意义。从这一视角上看,它对中国古代哲学的贡献是巨大的,突破了古代哲学思想善于人生和社会研究的常规视野。

第二,《中庸》以高超的哲学智慧划清了辩证法的"中庸"与折中主义和诡辩论的本质界限,为人生处世之道及治国理政之道提供了可靠法宝。《中庸》彰显了中国古代思想家非凡的智慧和远见,反映了他们对客观事物和社会人生发展的辩证规律的深刻洞察与总结。它以"执其两端而用中"的道德智慧,彰显了对立面和谐统一的"度"的最佳境界。"择乎中庸,则无两端执一之失。用之于人,则有己必有人,立己立人,达己达人……用之于事,则无顾此失彼,见偏不见全之失……用之于理,则无过无不及,无执一偏以盖全之争。"① 不仅区别了"折中主义"的似是而非,而且也给诡辩论当头棒喝。其深邃的哲学思维高山仰止。

第三,《中庸》以积极的人生态度,鼓励人们奋勇前行去实现道德理想,体现了中华民族自强不息、积极进取的精神气概。《中庸》以"性善论"为基础,对人性充满信心和期待,主张不论尊卑贵贱、不论知识多寡,只要努力行道,择善而固执,就能达到道德的制高点。这一思想虽然有唯心论和夸大主体能动作用之嫌,但就其主流思想而言,充满了锐意进取的正能量,对于当今的社会建设和个人品德建设仍然具有重要价值。

---

① 陈立夫:《四书道贯》,中国友谊出版公司1991年版,第680页。

第三篇 《论语》

原　文

学而第一

子曰："学而时习之，不亦说乎？有朋自远方来，不亦乐乎？人不知而不愠，不亦君子乎？"

有子曰："其为人也孝弟，而好犯上者，鲜矣；不好犯上，而好作乱者，未之有也。君子务本，本立而道生。孝弟也者，其为仁之本与！"

子曰："巧言令色，鲜矣仁！"

曾子曰："吾日三省吾身：为人谋而不忠乎？与朋友交而不信乎？传不习乎？"

子曰："道千乘之国，敬事而信，节用而爱人，使民以时。"

子曰："弟子入则孝，出则弟，谨而信，泛爱众，而亲仁，行有余力，则以学文。"

子夏曰："贤贤易色；事父母，能竭其力；事君，能致其身；与朋友交，言而有信。虽曰未学，吾必谓之学矣。"

子曰："君子不重则不威，学则不固。主忠信，无友不如己者，过，则勿惮改。"

曾子曰："慎终追远，民德归厚矣。"

子禽问于子贡曰："夫子至于是邦也，必闻其政，求之与？抑与之与？"子贡曰："夫子温、良、恭、俭、让以得之。夫子之求之也，其诸异乎人之求之与？"

子曰："父在，观其志；父没，观其行；三年无改于父之道，可谓孝矣。"

有子曰："礼之用，和为贵。先王之道，斯为美，小大由之。有所不行，知和而和，不以礼节之，亦不可行也。"

有子曰："信近于义，言可复也。恭近于礼，远耻辱也。因不失其亲，亦可宗也。"

子曰："君子食无求饱，居无求安，敏于事而慎于言，就有道而正焉。可谓好学也已。"

子贡曰："贫而无谄，富而无骄，何如？"子曰："可也；未若贫而乐，富而好礼者也。"子贡曰："《诗》云：'如切如磋，如琢如磨'，其斯之谓与？"子曰："赐也，始可与言《诗》已矣，告诸往而知来者。"

子曰："不患人之不己知，患不知人也。"

为政第二

子曰："为政以德，譬如北辰，居其所而众星共之。"

子曰："《诗》三百，一言以蔽之，曰：'思无邪'。"

子曰："道之以政，齐之以刑，民免而无耻。道之以德，齐之以礼，有耻且格。"

子曰："吾十有五而志于学，三十而立，四十而不惑，五十而知天命，六十而耳顺，七十而从心所欲，不逾矩。"

孟懿子问孝。子曰："无违。"樊迟御，子告之曰："孟孙问孝于我，我对曰'无违'。"樊迟曰："何谓也？"子曰："生，事之以礼；死，葬之以礼，祭之以礼。"

孟武伯问孝。子曰："父母唯其疾之忧。"

子游问孝。子曰："今之孝者，是谓能养。至于犬马，皆能有养；不敬，何以别乎？"

子夏问孝。子曰："色难。有事，弟子服其劳；有酒食，先生馔，曾是以为孝乎?"

子曰:"吾与回言终日,不违,如愚。退而省其私,亦足以发,回也不愚。"

子曰:"视其所以,观其所由,察其所安,人焉廋哉?人焉廋哉?"

子曰:"温故而知新,可以为师矣。"

子曰:"君子不器。"

子贡问君子。子曰:"先行其言而后从之。"

子曰:"君子周而不比,小人比而不周。"

子曰:"学而不思则罔,思而不学则殆。"

子曰:"攻乎异端,斯害也已!"

子曰:"由,诲女知之乎!知之为知之,不知为不知,是知也。"

子张学干禄。子曰:"多闻阙疑,慎言其余,则寡尤;多见阙殆,慎行其余,则寡悔。言寡尤,行寡悔,禄在其中矣。"

哀公问曰:"何为则民服?"孔子对曰:"举直错诸枉,则民服;举枉错诸直,则民不服。"

季康子问:"使民敬、忠以劝,如之何?"子曰:"临之以庄,则敬;孝慈,则忠;举善而教不能,则劝。"

或谓孔子曰:"子奚不为政?"子曰:"《书》云:'孝乎惟孝,友于兄弟,施于有政。'是亦为政,奚其为为政?"

子曰:"人而无信,不知其可也。大车无輗,小车无軏,其何以行之哉?"

子张问:"十世可知也?"子曰:"殷因于夏礼,所损益,可知也;周因于殷礼,所损益,可知也。其或继周者,虽百世,可知也。"

子曰:"非其鬼而祭之,谄也;见义不为,无勇也。"

八佾第三

孔子谓季氏:"八佾舞于庭,是可忍也,孰不可忍也?"

三家者以《雍》彻,子曰:"'相维辟公,天子穆穆',奚取于三家之堂?"

子曰:"人而不仁,如礼何?人而不仁,如乐何?"

林放问礼之本,子曰:"大哉问!礼,与其奢也,宁俭;丧,与其易也,宁戚。"

子曰:"夷狄之有君,不如诸夏之亡也。"

季氏旅于泰山。子谓冉有曰:"女弗能救与?"对曰:"不能。"子曰:"呜呼!曾谓泰山不如林放乎?"

子曰:"君子无所争,必也射乎!揖让而升,下而饮。其争也君子。"

子夏问曰:"'巧笑倩兮,美目盼兮,素以为绚兮'何谓也?"子曰:"绘事后素。"曰:"礼后乎?"子曰:"起予者商也,始可与言《诗》已矣。"

子曰:"夏礼吾能言之,杞不足征也;殷礼吾能言之,宋不足征也。文献不足故也,足则吾能征之矣。"

子曰:"禘自既灌而往者,吾不欲观之矣。"

或问禘之说。子曰:"不知也。知其说者之于天下也,其如示诸斯乎!"指其掌。

祭如在,祭神如神在。子曰:"吾不与祭,如不祭。"

王孙贾问曰:"与其媚于奥,宁媚于灶,何谓也?"子曰:"不然,获罪于天,无所祷也。"

子曰:"周监于二代,郁郁乎文哉!吾从周。"

子入大庙,每事问。或曰:"孰谓鄹人之子知礼乎?入大庙,每事问。"子闻之,曰:"是礼也。"

子曰:"射不主皮,为力不同科,古之道也。"

子贡欲去告朔之饩羊。子曰:"赐也!尔爱其羊,我爱其礼。"

子曰:"事君尽礼,人以为谄也。"

定公问:"君使臣,臣事君,如之何?"孔子对曰:"君使臣以礼,臣事君以忠。"

子曰:"《关雎》,乐而不淫,哀而不伤。"

哀公问社于宰我。宰我对曰:"夏后氏以松,殷人以柏,周人以栗,曰使民战栗。"子闻之,曰:"成事不说,遂事不谏,既往不咎。"

子曰:"管仲之器小哉!"或曰:"管仲俭乎?"曰:"管氏有三归,官事不摄,焉得俭?""然则管仲知礼乎?"曰:"邦君树塞门,管氏亦树塞门;邦君为两君之好,有反坫。管氏亦有反坫,管氏而知礼,孰不知礼?"

子语鲁大师乐,曰:"乐其可知也。始作,翕如也;从之,纯如也,皦如也,绎如也,以成。"

仪封人请见,曰:"君子之至于斯也,吾未尝不得见也。"从者见之。出曰:"二三子何患于丧乎?天下之无道也久矣,天将以夫子为木铎。"

子谓《韶》:"尽美矣,又尽善也。"谓《武》:"尽美矣,未尽善也。"

子曰:"居上不宽,为礼不敬,临丧不哀,吾何以观之哉?"

里仁第四

子曰:"里仁为美。择不处仁,焉得知?"

子曰:"不仁者不可以久处约,不可以长处乐。仁者安仁,知者利仁。"

子曰:"唯仁者能好人,能恶人。"

子曰:"苟志于仁矣,无恶也。"

子曰:"富与贵,是人之所欲也;不以其道得之,不处也。贫与贱,是人之所恶也;不以其道得之,不去也。君子去仁,恶乎成名?君子无终食之间违仁,造次必于是,颠沛必于是。"

子曰:"我未见好仁者,恶不仁者。好仁者,无以尚之;恶不仁者,其为仁矣，不使不仁者加乎其身。有能一日用其力于仁矣乎？我未见力不足者。盖有之矣，我未之见也。"

子曰："人之过也，各于其党。观过，斯知仁矣。"

子曰："朝闻道，夕死可矣。"

子曰："士志于道，而耻恶衣恶食者，未足与议也。"

子曰："君子之于天下也，无适也，无莫也，义之与比。"

子曰："君子怀德，小人怀土；君子怀刑，小人怀惠。"

子曰："放于利而行，多怨。"

子曰："能以礼让为国乎？何有？不能以礼让为国，如礼何？"

子曰："不患无位，患所以立。不患莫己知，求为可知也。"

子曰："参乎！吾道一以贯之。"曾子曰："唯。"子出，门人问曰："何谓也？"曾子曰："夫子之道，忠恕而已矣。"

子曰："君子喻于义，小人喻于利。"

子曰："见贤思齐焉，见不贤而内自省也。"

子曰："事父母，几谏，见志不从，又敬不违，劳而不怨。"

子曰："父母在，不远游，游必有方。"

子曰："三年无改于父之道，可谓孝矣。"

子曰："父母之年，不可不知也，一则以喜，一则以惧。"

子曰："古者言之不出，耻躬之不逮也。"

子曰："以约失之者鲜矣。"

子曰："君子欲讷于言而敏于行。"

子曰："德不孤，必有邻。"

子游曰："事君数，斯辱矣；朋友数，斯疏矣。"

公冶长第五

子谓公冶长："可妻也，虽在缧绁之中，非其罪也！"以其子妻之。

子谓南容："邦有道不废；邦无道免于刑戮。"以其兄之子妻之。

子谓子贱："君子哉若人！鲁无君子者，斯焉取斯？"

子贡问曰："赐也何如？"子曰："女器也。"曰："何器也？"曰："瑚琏也。"

或曰："雍也仁而不佞。"子曰："焉用佞？御人以口给，屡憎于人。不知其仁，焉用佞？"

子使漆雕开仕，对曰："吾斯之未能信。"子说。

子曰："道不行，乘桴浮于海，从我者其由与？"子路闻之喜，子曰："由也好勇过我，无所取材。"

孟武伯问："子路仁乎？"子曰："不知也。"又问，子曰："由也，千乘之国，可使治其赋也，不知其仁也。""求也何如？"子曰："求也，千室之邑，百乘之家，可使为之宰也，不知其仁也。""赤也何如？"子曰："赤也，束带立于朝，可使与宾客言也，不知其仁也。"

子谓子贡曰："女与回也孰愈？"对曰："赐也何敢望回？回也闻一以知十，赐也闻一以知二。"子曰："弗如也，吾与女弗如也！"

宰予昼寝。子曰："朽木不可雕也，粪土之墙不可杇也，于予与何诛？"子曰："始吾于人也，听其言而信其行；今吾于人也，听其言而观其行。于予与改是。"

子曰："吾未见刚者。"或对曰："申枨。"子曰："枨也欲，焉得刚。"

子贡曰："我不欲人之加诸我也，吾亦欲无加诸人。"子曰："赐也，非尔所及也。"

子贡曰："夫子之文章，可得而闻也；夫子之言性与天道，不可得而闻也。"

子路有闻，未之能行，唯恐有闻。

子贡问曰："孔文子何以谓之'文'也？"子曰："敏而好学，不耻下问，是以谓之'文'也。"

子谓子产："有君子之道四焉：其行己也恭，其事上也敬，其养民也惠，其使民也义。"

子曰："晏平仲善与人交，久而敬之。"

子曰："臧文仲居蔡，山节藻棁，何如其知也？"

子张问曰："令尹子文三仕为令尹，无喜色；三已之无愠色，旧令尹之政必以告新令尹，何如？"子曰："忠矣。"曰："仁矣乎？"曰："未知，焉得仁？""崔子弑齐君，陈文子有马十乘，弃而违之。至于他邦，则曰：'犹吾大夫崔子也。'违之。之一邦，则又曰：'犹吾大夫崔子也。'违之，何如？"子曰："清矣。"曰："仁矣乎？"曰："未知，焉得仁？"

季文子三思而后行。子闻之，曰："再斯可矣。"

子曰："宁武子，邦有道则知，邦无道则愚。其知可及也，其愚不可及也。"

子在陈，曰："归与！归与！吾党之小子狂简，斐然成章，不知所以裁之。"

子曰："伯夷、叔齐不念旧恶，怨是用希。"

子曰："孰谓微生高直？或乞醯焉，乞诸其邻而与之。"

子曰："巧言、令色、足恭，左丘明耻之，丘亦耻之。匿怨而友其人，左丘明耻之，丘亦耻之。"

颜渊、季路侍。子曰："盍各言尔志？"子路曰："愿车马衣轻裘与朋友共，敝之而无憾。"颜渊曰："愿无伐善，无施劳。"子路曰："愿闻子之志。"子曰："老者安之，朋友信之，少者怀之。"

子曰："已矣乎！吾未见能见其过而内自讼者也。"

子曰："十室之邑，必有忠信如丘者焉，不如丘之好学也。"

雍也第六

子曰："雍也可使南面。"

仲弓问子桑伯子。子曰:"可也简。"仲弓曰:"居敬而行简,以临其民,不亦可乎?居简而行简,无乃大简乎?"子曰:"雍之言然。"

哀公问:"弟子孰为好学?"孔子对曰:"有颜回者好学,不迁怒,不贰过,不幸短命死矣,今也则亡,未闻好学者也。"

子华使于齐,冉子为其母请粟。子曰:"与之釜。"请益,曰:"与之庾。"冉子与之粟五秉。子曰:"赤之适齐也,乘肥马,衣轻裘。吾闻之也,君子周急不继富。"原思为之宰,与之粟九百,辞。子曰:"毋,以与尔邻里乡党乎!"

子谓仲弓曰:"犁牛之子骍且角,虽欲勿用,山川其舍诸?"

子曰:"回也,其心三月不违仁,其余则日月至焉而已矣。"

季康子问:"仲由可使从政也与?"子曰:"由也果,于从政乎何有?"曰:"赐也可使从政也与?"曰:"赐也达,于从政乎何有?"曰:"求也可使从政也与?"曰:"求也艺,于从政乎何有?"

季氏使闵子骞为费宰。闵子骞曰:"善为我辞焉。如有复我者,则吾必在汶上矣。"

伯牛有疾,子问之,自牖执其手,曰:"亡之,命矣夫!斯人也,而有斯疾也!斯人也,而有斯疾也!"

子曰:"贤哉,回也!一箪食,一瓢饮,在陋巷,人不堪其忧,回也不改其乐。贤哉,回也!"

冉求曰:"非不说子之道,力不足也。"子曰:"力不足者,中道而废,今女画。"

子谓子夏曰:"女为君子儒,无为小人儒。"

子游为武城宰,子曰:"女得人焉尔乎?"曰:"有澹台灭明者,行不由径,非公事,未尝至于偃之室也。"

子曰:"孟之反不伐,奔而殿,将入门,策其马,曰:'非敢后也,马不进也。'"

子曰:"不有祝鮀之佞,而有宋朝之美,难乎免于今之世矣。"

子曰:"谁能出不由户?何莫由斯道也?"

子曰:"质胜文则野,文胜质则史。文质彬彬,然后君子。"

子曰:"人之生也直,罔之生也,幸而免。"

子曰:"知之者不如好之者,好之者不如乐之者。"

子曰:"中人以上,可以语上也;中人以下,不可以语上也。"

樊迟问知,子曰:"务民之义,敬鬼神而远之,可谓知矣。"问仁,曰:"仁者先难而后获,可谓仁矣。"

子曰:"知者乐水,仁者乐山。知者动,仁者静。知者乐,仁者寿。"

子曰:"齐一变,至于鲁;鲁一变,至于道。"

子曰:"觚不觚,觚哉!觚哉!"

宰我问曰:"仁者,虽告之曰:'井有仁焉。'其从之也?"子曰:"何为其然也?君子可逝也,不可陷也;可欺也,不可罔也。"

子曰:"君子博学于文,约之以礼,亦可以弗畔矣夫。"

子见南子,子路不说。夫子矢之曰:"予所否者,天厌之!天厌之!"

子曰:"中庸之为德也,其至矣乎!民鲜久矣。"

子贡曰:"如有博施于民而能济众,何如?可谓仁乎?"子曰:"何事于仁,必也圣乎!尧、舜其犹病诸!夫仁者,己欲立而立人,己欲达而达人。能近取譬,可谓仁之方也已。"

述而第七

子曰:"述而不作,信而好古,窃比于我老彭。"

子曰:"默而识之,学而不厌,诲人不倦,何有于我哉?"

子曰:"德之不修,学之不讲,闻义不能徙,不善不能改,是吾忧也。"

子之燕居,申申如也,夭夭如也。

子曰:"甚矣吾衰也!久矣吾不复梦见周公。"

子曰："志于道，据于德，依于仁，游于艺。"

子曰："自行束修以上，吾未尝无诲焉。"

子曰："不愤不启，不悱不发，举一隅不以三隅反，则不复也。"

子食于有丧者之侧，未尝饱也。

子于是日哭，则不歌。

子谓颜渊曰："用之则行，舍之则藏，惟我与尔有是夫！"子路曰："子行三军，则谁与？"子曰："暴虎冯河，死而无悔者，吾不与也。必也临事而惧，好谋而成者也。"

子曰："富而可求也，虽执鞭之士，吾亦为之。如不可求，从吾所好。"

子之所慎：齐、战、疾。

子在齐闻《韶》，三月不知肉味，曰："不图为乐之至于斯也。"

冉有曰："夫子为卫君乎？"子贡曰："诺，吾将问之。"入，曰："伯夷、叔齐何人也？"曰："古之贤人也。"曰："怨乎？"曰："求仁而得仁，又何怨？"出，曰："夫子不为也。"

子曰："饭疏食饮水，曲肱而枕之，乐亦在其中矣。不义而富且贵，于我如浮云。"

子曰："加我数年，五十以学《易》，可以无大过矣。"

子所雅言，《诗》《书》、执礼，皆雅言也。

叶公问孔子于子路，子路不对。子曰："女奚不曰：其为人也，发愤忘食，乐以忘忧，不知老之将至云尔。"

子曰："我非生而知之者，好古，敏以求之者也。"

子不语怪、力、乱、神。

子曰："三人行，必有我师焉。择其善者而从之，其不善者而改之。"

子曰："天生德于予，桓魋其如予何？"

子曰："二三子，以我为隐乎？吾无隐乎尔！吾无行而不与二三子者，是丘也。"

子以四教：文，行，忠，信。

子曰："圣人，吾不得而见之矣；得见君子者斯可矣。"子曰："善人，吾不得而见之矣，得见有恒者斯可矣。亡而为有，虚而为盈，约而为泰，难乎有恒矣。"

子钓而不纲，弋不射宿。

子曰："盖有不知而作之者，我无是也。多闻，择其善者而从之；多见而识之，知之次也。"

互乡难与言，童子见，门人惑。子曰："与其进也，不与其退也，唯何甚？人洁己以进，与其洁也，不保其往也。"

子曰："仁远乎哉？我欲仁，斯仁至矣。"

陈司败问："昭公知礼乎？"孔子曰："知礼。"孔子退，揖巫马期而进之，曰："吾闻君子不党，君子亦党乎？君取于吴，为同姓，谓之吴孟子。君而知礼，孰不知礼？"巫马期以告，子曰："丘也幸，苟有过，人必知之。"

子与人歌而善，必使反之，而后和之。

子曰："文，莫吾犹人也。躬行君子，则吾未之有得。"

子曰："若圣与仁，则吾岂敢？抑为之不厌，诲人不倦，则可谓云尔已矣。"公西华曰："正唯弟子不能学也。"

子疾病，子路请祷。子曰："有诸？"子路对曰："有之。《诔》曰：'祷尔于上下神祇。'"子曰："丘之祷久矣。"

子曰："奢则不孙，俭则固。与其不孙也，宁固。"

子曰："君子坦荡荡，小人长戚戚。"

子温而厉，威而不猛，恭而安。

泰伯第八

子曰："泰伯，其可谓至德也已矣。三以天下让，民无得而称焉。"

子曰:"恭而无礼则劳;慎而无礼则葸;勇而无礼则乱;直而无礼则绞。君子笃于亲,则民兴于仁;故旧不遗,则民不偷。"

曾子有疾,召门弟子曰:"启予足,启予手。《诗》云:'战战兢兢,如临深渊,如履薄冰。'而今而后,吾知免夫,小子!"

曾子有疾,孟敬子问之。曾子言曰:"鸟之将死,其鸣也哀;人之将死,其言也善。君子所贵乎道者三:动容貌,斯远暴慢矣;正颜色,斯近信矣;出辞气,斯远鄙倍矣。笾豆之事,则有司存。"

曾子曰:"以能问于不能;以多问于寡;有若无,实若虚,犯而不校。昔者吾友,尝从事于斯矣。"

曾子曰:"可以托六尺之孤,可以寄百里之命,临大节而不可夺也。君子人与?君子人也。"

曾子曰:"士不可以不弘毅,任重而道远。仁以为己任,不亦重乎?死而后已,不亦远乎?"

子曰:"兴于《诗》,立于礼,成于乐。"

子曰:"民可使由之,不可使知之。"

子曰:"好勇疾贫,乱也。人而不仁,疾之已甚,乱也。"

子曰:"如有周公之才之美,使骄且吝,其余不足观也已。"

子曰:"三年学,不至于谷,不易得也。"

子曰:"笃信好学,守死善道。危邦不入,乱邦不居。天下有道则见,无道则隐。邦有道,贫且贱焉,耻也;邦无道,富且贵焉,耻也。"

子曰:"不在其位,不谋其政。"

子曰:"师挚之始,《关雎》之乱,洋洋乎盈耳哉!"

子曰:"狂而不直,侗而不愿,悾悾而不信,吾不知之矣。"

子曰:"学如不及,犹恐失之。"

子曰:"巍巍乎!舜、禹之有天下也,而不与焉!"

子曰:"大哉尧之为君也!巍巍乎,唯天为大,唯尧则之。荡荡乎,民无能名焉。巍巍乎，其有成功也，焕乎，其有文章！"

舜有臣五人而天下治。武王曰："予有乱臣十人。"孔子曰："才难，不其然乎？唐、虞之际，于斯为盛；有妇人焉，九人而已。三分天下有其二，以服事殷。周之德，其可谓至德也已矣。"

子曰："禹，吾无间然矣。菲饮食而致孝乎鬼神，恶衣服而致美乎黻冕，卑宫室而尽力乎沟洫。禹，吾无间然矣。"

子罕第九

子罕言利与命与仁。

达巷党人曰："大哉孔子！博学而无所成名。"子闻之，谓门弟子曰："吾何执？执御乎，执射乎？吾执御矣。"

子曰："麻冕，礼也；今也纯，俭，吾从众。拜下，礼也；今拜乎上，泰也；虽违众，吾从下。"

子绝四：毋意、毋必、毋固、毋我。

子畏于匡，曰："文王既没，文不在兹乎？天之将丧斯文也，后死者不得与于斯文也；天之未丧斯文也，匡人其如予何？"

大宰问于子贡曰："夫子圣者与，何其多能也？"子贡曰："固天纵之将圣，又多能也。"子闻之，曰："大宰知我乎？吾少也贱，故多能鄙事。君子多乎哉？不多也。"

牢曰："子云：'吾不试，故艺。'"

子曰："吾有知乎哉？无知也。有鄙夫问于我，空空如也。我叩其两端而竭焉。"

子曰："凤鸟不至，河不出图，吾已矣夫！"

子见齐衰者、冕衣裳者与瞽者，见之，虽少，必作；过之，必趋。

颜渊喟然叹曰："仰之弥高，钻之弥坚。瞻之在前，忽焉在后。夫子循循然善诱人，博我以文，约我以礼，欲罢不能。既竭吾才，如有所立卓尔，虽欲从之，末由也已。"

子疾病，子路使门人为臣。病间，曰："久矣哉，由之行诈也！无臣而为有臣，吾谁欺？欺天乎？且予与其死于臣之手也，无宁死于二三子之手乎？且予纵不得大葬，予死于道路乎？"

子贡曰："有美玉于斯，韫椟而藏诸？求善贾而沽诸？"子曰："沽之哉，沽之哉！我待贾者也。"

子欲居九夷。或曰："陋，如之何？"子曰："君子居之，何陋之有！"

子曰："吾自卫反鲁，然后乐正，《雅》《颂》各得其所。"

子曰："出则事公卿，入则事父兄，丧事不敢不勉，不为酒困，何有于我哉？"

子在川上曰："逝者如斯夫！不舍昼夜。"

子曰："吾未见好德如好色者也。"

子曰："譬如为山，未成一篑，止，吾止也；譬如平地，虽覆一篑，进，吾往也。"

子曰："语之而不惰者，其回也与！"

子谓颜渊曰："惜乎！吾见其进也，未见其止也。"

子曰："苗而不秀者有矣夫，秀而不实者有矣夫。"

子曰："后生可畏，焉知来者之不如今也？四十、五十而无闻焉，斯亦不足畏也已。"

子曰："法语之言，能无从乎？改之为贵。巽与之言，能无说乎？绎之为贵。说而不绎，从而不改，吾末如之何也已矣。"

子曰："主忠信。毋友不如己者，过则勿惮改。"

子曰："三军可夺帅也，匹夫不可夺志也。"

子曰："衣敝缊袍，与衣狐貉者立，而不耻者，其由也与！'不忮不求，何用不臧？'"子路终身诵之，子曰："是道也，何足以臧？"

子曰："岁寒，然后知松柏之后凋也。"

子曰:"知者不惑,仁者不忧,勇者不惧。"

子曰:"可与共学,未可与适道;可与适道,未可与立;可与立,未可与权。"

"唐棣之华,偏其反而。岂不尔思?室是远尔。"子曰:"未之思也,夫何远之有。"

乡党第十

孔子于乡党,恂恂如也,似不能言者;其在宗庙朝廷,便便言,唯谨尔。

朝,与下大夫言,侃侃如也;与上大夫言,訚訚如也。君在,踧踖如也,与与如也。

君召使摈,色勃如也,足躩如也。揖所与立,左右手,衣前后,襜如也。趋进,翼如也。宾退,必复命曰:"宾不顾矣。"

入公门,鞠躬如也,如不容。立不中门,行不履阈。过位,色勃如也,足躩如也,其言似不足者。摄齐升堂,鞠躬如也,屏气似不息者。出,降一等,逞颜色,怡怡如也;没阶趋进,翼如也;复其位,踧踖如也。

执圭,鞠躬如也,如不胜。上如揖,下如授。勃如战色,足蹜蹜,如有循。享礼,有容色。私觌,愉愉如也。

君子不以绀緅饰,红紫不以为亵服。当暑袗绨绤,必表而出之。缁衣羔裘,素衣麑裘,黄衣狐裘。亵裘长,短右袂。必有寝衣,长一身有半。狐貉之厚以居。去丧无所不佩。非帷裳,必杀之。羔裘玄冠不以吊。吉月,必朝服而朝。

齐,必有明衣,布。齐必变食,居必迁坐。

食不厌精,脍不厌细。食饐而餲,鱼馁而肉败,不食;色恶不食;臭恶不食;失饪不食;不时不食;割不正不食;不得其酱不食。肉虽多,不使胜食气。唯酒无量,不及乱。沽酒市脯不食。不撤姜食,不多食。

祭于公，不宿肉。祭肉，不出三日，出三日，不食之矣。

食不语，寝不言。

虽疏食菜羹，瓜祭，必齐如也。

席不正，不坐。

乡人饮酒，杖者出，斯出矣。

乡人傩，朝服而立于阼阶。

问人于他邦，再拜而送之。

康子馈药，拜而受之。曰："丘未达，不敢尝。"

厩焚，子退朝，曰："伤人乎？"不问马。

君赐食，必正席先尝之；君赐腥，必熟而荐之；君赐生，必畜之。侍食于君，君祭，先饭。

疾，君视之，东首，加朝服，拖绅。

君命召，不俟驾行矣。

入大庙，每事问。

朋友死，无所归，曰："于我殡。"

朋友之馈，虽车马，非祭肉，不拜。

寝不尸，居不容。

见齐衰者，虽狎，必变。见冕者与瞽者，虽亵，必以貌。凶服者式之，式负版者。有盛馔，必变色而作。迅雷风烈，必变。

升车，必正立执绥。车中不内顾，不疾言，不亲指。

色斯举矣，翔而后集。曰："山梁雌雉，时哉时哉！"子路共之，三嗅而作。

先进第十一

子曰："先进于礼乐，野人也；后进于礼乐，君子也。如用之，则吾从先进。"

子曰："从我于陈、蔡者，皆不及门也。"

德行：颜渊、闵子骞、冉伯牛、仲弓。言语：宰我、子贡。政事：冉有、季路。文学：子游、子夏。

子曰："回也非助我者也，于吾言无所不说。"

子曰："孝哉闵子骞！人不间于其父母昆弟之言。"

南容三复白圭，孔子以其兄之子妻之。

季康子问："弟子孰为好学？"孔子对曰："有颜回者好学，不幸短命死矣，今也则亡。"

颜渊死，颜路请子之车以为之椁。子曰："才不才，亦各言其子也。鲤也死，有棺而无椁，吾不徒行以为之椁。以吾从大夫之后，不可徒行也。"

颜渊死。子曰："噫！天丧予！天丧予！"

颜渊死，子哭之恸，从者曰："子恸矣！"曰："有恸乎？非夫人之为恸而谁为？"

颜渊死，门人欲厚葬之，子曰："不可。"门人厚葬之，子曰："回也视予犹父也，予不得视犹子也。非我也，夫二三子也！"

季路问事鬼神，子曰："未能事人，焉能事鬼？"曰："敢问死。"曰："未知生，焉知死？"

闵子侍侧，訚訚如也；子路，行行如也；冉有、子贡，侃侃如也。子乐。"若由也，不得其死然。"

鲁人为长府，闵子骞曰："仍旧贯，如之何？何必改作？"子曰："夫人不言，言必有中。"

子曰："由之瑟，奚为于丘之门？"门人不敬子路，子曰："由也升堂矣，未入于室也。"

子贡问："师与商也孰贤？"子曰："师也过，商也不及。"曰："然则师愈与？"子曰："过犹不及。"

季氏富于周公，而求也为之聚敛而附益之。子曰："非吾徒也，小子鸣鼓而攻之，可也。"

柴也愚，参也鲁，师也辟，由也喭。

子曰："回也其庶乎，屡空。赐不受命而货殖焉，亿则屡中。"

子张问善人之道。子曰："不践迹，亦不入于室。"

子曰："论笃是与，君子者乎？色庄者乎？"

子路问："闻斯行诸？"子曰："有父兄在，如之何其闻斯行之？"冉有问："闻斯行诸？"子曰："闻斯行之。"公西华曰："由也问闻斯行诸，子曰：'有父兄在'；求也问闻斯行诸，子曰：'闻斯行之。'赤也惑，敢问。"子曰："求也退，故进之；由也兼人，故退之。"

子畏于匡，颜渊后。子曰："吾以女为死矣！"曰："子在，回何敢死？"

季子然问："仲由、冉求可谓大臣与？"子曰："吾以子为异之问，曾由与求之问。所谓大臣者，以道事君，不可则止。今由与求也，可谓具臣矣。"曰："然则从之者与？"子曰："弑父与君，亦不从也。"

子路使子羔为费宰。子曰："贼夫人之子。"子路曰："有民人焉，有社稷焉，何必读书，然后为学。"子曰："是故恶夫佞者。"

子路、曾皙、冉有、公西华侍坐。子曰："以吾一日长乎尔，毋吾以也。居则曰'不吾知也'如或知尔，则何以哉？"子路率尔而对曰："千乘之国，摄乎大国之间，加之以师旅，因之以饥馑，由也为之，比及三年，可使有勇，且知方也。"夫子哂之。"求，尔何如？"对曰："方六七十，如五六十，求也为之，比及三年，可使足民。如其礼乐，以俟君子。""赤！尔何如？"对曰："非曰能之，愿学焉。宗庙之事，如会同，端章甫，愿为小相焉。""点，尔何如？"鼓瑟希，铿尔，舍瑟而作，对曰："异乎三子者之撰。"子曰："何伤乎？亦各言其志也。"曰："莫春者，春服既成，冠者五六人，童子六七人，浴乎沂，风乎舞雩，咏而归。"夫子喟然叹曰："吾与点也！"三子者出，曾皙后。曾皙曰："夫三子者之言何如？"子曰："亦各言其志也已矣。"曰："夫子何哂由也？"曰："为国以礼，其言不让，是故哂之。""唯求则非邦也与？""安见方六七十、如五六十而非邦也者？""唯赤则非邦也与？""宗庙会同，非诸侯而何？赤也为之小，孰能为之大？"

颜渊第十二

颜渊问仁，子曰："克己复礼为仁。一日克己复礼，天下归仁焉。为仁由己，而由人乎哉？"颜渊曰："请问其目？"子曰："非礼勿视，非礼勿听，非礼勿言，非礼勿动。"颜渊曰："回虽不敏，请事斯语矣。"

仲弓问仁，子曰："出门如见大宾，使民如承大祭。己所不欲，勿施于人。在邦无怨，在家无怨。"仲弓曰："雍虽不敏，请事斯语矣。"

司马牛问仁，子曰："仁者，其言也讱。"曰："其言也讱，斯谓之仁已乎？"子曰："为之难，言之，得无讱乎？"

司马牛问君子，子曰："君子不忧不惧。"曰："不忧不惧，斯谓之君子已乎？"子曰："内省不疚，夫何忧何惧？"

司马牛忧曰："人皆有兄弟，我独亡。"子夏曰："商闻之矣：死生有命，富贵在天。君子敬而无失，与人恭而有礼，四海之内皆兄弟也。君子何患乎无兄弟也？"

子张问明，子曰："浸润之谮，肤受之愬，不行焉，可谓明也已矣；浸润之谮，肤受之愬，不行焉，可谓远也已矣。"

子贡问政，子曰："足食，足兵，民信之矣。"子贡曰："必不得已而去，于斯三者何先？"曰："去兵。"子贡曰："必不得已而去，于斯二者何先？"曰："去食。自古皆有死，民无信不立。"

棘子成曰："君子质而已矣，何以文为？"子贡曰："惜乎，夫子之说君子也！驷不及舌。文犹质也，质犹文也。虎豹之鞟犹犬羊之鞟。"

哀公问于有若曰："年饥，用不足，如之何？"有若对曰："盍彻乎？"曰："二，吾犹不足，如之何其彻也？"对曰："百姓足，君孰与不足？百姓不足，君孰与足？"

子张问崇德、辨惑，子曰："主忠信，徙义，崇德也。爱之欲其生，恶之欲其死；既欲其生又欲其死，是惑也。'诚不以富，亦祇以异。'"

齐景公问政于孔子，孔子对曰："君君，臣臣，父父，子子。"公曰："善哉！信如君不君、臣不臣、父不父、子不子，虽有粟，吾得而食诸？"

子曰："片言可以折狱者，其由也与？"子路无宿诺。

子曰："听讼，吾犹人也。必也使无讼乎。"

子张问政，子曰："居之无倦，行之以忠。"

子曰："博学于文，约之以礼，亦可以弗畔矣夫。"

子曰："君子成人之美，不成人之恶；小人反是。"

季康子问政于孔子，孔子对曰："政者，正也。子帅以正，孰敢不正？"

季康子患盗，问于孔子。孔子对曰："苟子之不欲，虽赏之不窃。"

季康子问政于孔子曰："如杀无道以就有道，何如？"孔子对曰："子为政，焉用杀？子欲善而民善矣。君子之德风，小人之德草，草上之风必偃。"

子张问："士何如斯可谓之达矣？"子曰："何哉尔所谓达者？"子张对曰："在邦必闻，在家必闻。"子曰："是闻也，非达也。夫达也者，质直而好义，察言而观色，虑以下人。在邦必达，在家必达。夫闻也者，色取仁而行违，居之不疑。在邦必闻，在家必闻。"

樊迟从游于舞雩之下，曰："敢问崇德、修慝、辨惑。"子曰："善哉问！先事后得，非崇德与？攻其恶，无攻人之恶，非修慝与？一朝之忿，忘其身以及其亲，非惑与？"

樊迟问仁，子曰："爱人。"问知，子曰："知人。"樊迟未达，子曰："举直错诸枉,能使枉者直。"樊迟退,见子夏,曰:"乡也吾见于夫子而问知,子曰:'举直错诸枉,能使枉者直',何谓也?"子夏曰:"富哉言乎!舜有天下,选于众,举皋陶,不仁者远矣。汤有天下,选于众,举伊尹,不仁者远矣。"

子贡问友,子曰:"忠告而善道之,不可则止,毋自辱焉。"

曾子曰:"君子以文会友,以友辅仁。"

子路第十三

子路问政,子曰:"先之,劳之。"请益,曰:"无倦。"

仲弓为季氏宰,问政,子曰:"先有司,赦小过,举贤才。"曰:"焉知贤才而举之?"曰:"举尔所知。尔所不知,人其舍诸?"

子路曰:"卫君待子而为政,子将奚先?"子曰:"必也正名乎!"子路曰:"有是哉,子之迂也!奚其正?"子曰:"野哉由也!君子于其所不知,盖阙如也。名不正,则言不顺;言不顺,则事不成;事不成,则礼乐不兴;礼乐不兴,则刑罚不中;刑罚不中,则民无所错手足。故君子名之必可言也,言之必可行也。君子于其言,无所苟而已矣。"

樊迟请学稼,子曰:"吾不如老农。"请学为圃,曰:"吾不如老圃。"樊迟出,子曰:"小人哉樊须也!上好礼,则民莫敢不敬;上好义,则民莫敢不服;上好信,则民莫敢不用情。夫如是,则四方之民襁负其子而至矣,焉用稼?"

子曰:"诵《诗》三百,授之以政,不达;使于四方,不能专对。虽多,亦奚以为?"

子曰:"其身正,不令而行;其身不正,虽令不从。"

子曰:"鲁卫之政,兄弟也。"

子谓卫公子荆,"善居室。始有,曰:'苟合矣。'少有,曰:'苟完矣。'富有,曰:'苟美矣。'"

子适卫，冉有仆，子曰："庶矣哉！"冉有曰："既庶矣，又何加焉？"曰："富之。"曰："既富矣，又何加焉？"曰："教之。"

子曰："苟有用我者，期月而已可也，三年有成。"

子曰："'善人为邦百年，亦可以胜残去杀矣。'诚哉是言也！"

子曰："如有王者，必世而后仁。"

子曰："苟正其身矣，于从政乎何有？不能正其身，如正人何？"

冉子退朝，子曰："何晏也？"对曰："有政。"子曰："其事也。如有政，虽不吾以，吾其与闻之。"

定公问："一言而可以兴邦，有诸？"孔子对曰："言不可以若是，其几也。人之言曰：'为君难，为臣不易。'如知为君之难也，不几乎一言而兴邦乎？"曰："一言而丧邦，有诸？"孔子对曰："言不可以若是，其几也。人之言曰：'予无乐乎为君，唯其言而莫予违也。'如其善而莫之违也，不亦善乎？如不善而莫之违也，不几乎一言而丧邦乎？"

叶公问政，子曰："近者说，远者来。"

子夏为莒父宰，问政，子曰："无欲速，无见小利。欲速则不达，见小利则大事不成。"

叶公语孔子曰："吾党有直躬者，其父攘羊，而子证之。"孔子曰："吾党之直者异于是。父为子隐，子为父隐，直在其中矣。"

樊迟问仁，子曰："居处恭，执事敬，与人忠。虽之夷狄，不可弃也。"

子贡问曰："何如斯可谓之士矣？"子曰："行己有耻，使于四方不辱君命，可谓士矣。"曰："敢问其次。"曰："宗族称孝焉，乡党称弟焉。"曰："敢问其次。"曰："言必信，行必果，硁硁然小人哉！抑亦可以为次矣。"曰："今之从政者何如？"子曰："噫！斗筲之人，何足算也！"

子曰："不得中行而与之，必也狂狷乎！狂者进取，狷者有所不为也。"

子曰："南人有言曰：'人而无恒，不可以作巫医。'善夫！""不恒其德，或承之羞。"子曰："不占而已矣。"

子曰:"君子和而不同,小人同而不和。"

子贡问曰:"乡人皆好之,何如?"子曰:"未可也。""乡人皆恶之,何如?"子曰:"未可也。不如乡人之善者好之,其不善者恶之。"

子曰:"君子易事而难说也,说之不以道不说也,及其使人也器之;小人难事而易说也,说之虽不以道说也,及其使人也求备焉。"

子曰:"君子泰而不骄,小人骄而不泰。"

子曰:"刚、毅、木、讷,近仁。"

子路问曰:"何如斯可谓之士矣?"子曰:"切切偲偲,怡怡如也,可谓士矣。朋友切切偲偲,兄弟怡怡。"

子曰:"善人教民七年,亦可以即戎矣。"

子曰:"以不教民战,是谓弃之。"

宪问第十四

宪问耻,子曰:"邦有道,谷;邦无道,谷,耻也。""克、伐、怨、欲不行焉,可以为仁矣?"子曰:"可以为难矣,仁则吾不知也。"

子曰:"士而怀居,不足以为士矣。"

子曰:"邦有道,危言危行;邦无道,危行言孙。"

子曰:"有德者必有言,有言者不必有德。仁者必有勇,勇者不必有仁。"

南宫适问于孔子曰:"羿善射,奡荡舟,俱不得其死然;禹、稷躬稼,而有天下。"夫子不答。南宫适出,子曰:"君子哉若人!尚德哉若人!"

子曰:"君子而不仁者有矣夫,未有小人而仁者也。"

子曰:"爱之能勿劳乎?忠焉能勿诲乎?"

子曰:"为命,裨谌草创之,世叔讨论之,行人子羽修饰之,东里子产润色之。"

或问子产,子曰:"惠人也。"问子西,曰:"彼哉,彼哉!"问管仲,曰："人也。夺伯氏骈邑三百，饭疏食，没齿，无怨言。"

子曰："贫而无怨难，富而无骄易。"

子曰："孟公绰，为赵魏老则优，不可以为滕薛大夫。"

子路问成人，子曰："若臧武仲之知，公绰之不欲，卞庄子之勇，冉求之艺，文之以礼乐，亦可以为成人矣。"曰："今之成人者何必然？见利思义，见危授命，久要不忘平生之言，亦可以为成人矣。"

子问公叔文子于公明贾曰："信乎，夫子不言，不笑，不取乎？"公明贾对曰："以告者过也。夫子时然后言，人不厌其言；乐然后笑，人不厌其笑；义然后取，人不厌其取。"子曰："其然？岂其然乎？"

子曰："臧武仲以防求为后于鲁，虽曰不要君，吾不信也。"

子曰："晋文公谲而不正，齐桓公正而不谲。"

子路曰："桓公杀公子纠，召忽死之，管仲不死。"曰："未仁乎？"子曰："桓公九合诸侯不以兵车，管仲之力也。如其仁，如其仁！"

子贡曰："管仲非仁者与？桓公杀公子纠，不能死，又相之。"子曰："管仲相桓公，霸诸侯，一匡天下，民到于今受其赐。微管仲，吾其被发左衽矣。岂若匹夫匹妇之为谅也，自经于沟渎而莫之知也。"

公叔文子之臣大夫僎与文子同升诸公，子闻之，曰："可以为'文'矣。"

子言卫灵公之无道也，康子曰："夫如是，奚而不丧？"孔子曰："仲叔圉治宾客，祝鮀治宗庙，王孙贾治军旅，夫如是，奚其丧？"

子曰："其言之不怍，则为之也难。"

陈成子弑简公，孔子沐浴而朝，告于哀公曰："陈恒弑其君，请讨之。"公曰："告夫三子。"孔子曰："以吾从大夫之后，不敢不告也。君曰'告夫三子'者！"之三子告，不可。孔子曰："以吾从大夫之后，不敢不告也。"

子路问事君，子曰："勿欺也，而犯之。"

子曰:"君子上达,小人下达。"

子曰:"古之学者为己,今之学者为人。"

蘧伯玉使人于孔子,孔子与之坐而问焉,曰:"夫子何为?"对曰:"夫子欲寡其过而未能也。"使者出,子曰:"使乎!使乎!"

子曰:"不在其位,不谋其政。"曾子曰:"君子思不出其位。"

子曰:"君子耻其言而过其行。"

子曰:"君子道者三,我无能焉:仁者不忧,知者不惑,勇者不惧。"子贡曰:"夫子自道也。"

子贡方人,子曰:"赐也贤乎哉?夫我则不暇。"

子曰:"不患人之不己知,患其不能也。"

子曰:"不逆诈,不亿不信,抑亦先觉者,是贤乎!"

微生亩谓孔子曰:"丘何为是栖栖者与?无乃为佞乎?"孔子曰:"非敢为佞也,疾固也。"

子曰:"骥不称其力,称其德也。"

或曰:"以德报怨,何如?"子曰:"何以报德?以直报怨,以德报德。"

子曰:"莫我知也夫!"子贡曰:"何为其莫知子也?"子曰:"不怨天,不尤人,下学而上达。知我者其天乎!"

公伯寮愬子路于季孙。子服景伯以告,曰:"夫子固有惑志于公伯寮,吾力犹能肆诸市朝。"子曰:"道之将行也与,命也;道之将废也与,命也。公伯寮其如命何?"

子曰:"贤者辟世,其次辟地,其次辟色,其次辟言。"

子曰:"作者七人矣。"

子路宿于石门,晨门曰:"奚自?"子路曰:"自孔氏。"曰:"是知其不可而为之者与?"

子击磬于卫,有荷蒉而过孔氏之门者,曰:"有心哉,击磬乎!"既而曰:"鄙哉,硁硁乎!莫己知也,斯已而已矣。深则厉,浅则揭。"子曰:

"果哉！末之难矣。"

子张曰："《书》云，'高宗谅阴，三年不言。'何谓也？"子曰："何必高宗，古之人皆然。君薨，百官总己以听于冢宰三年。"

子曰："上好礼，则民易使也。"

子路问君子，子曰："修己以敬。"曰："如斯而已乎？"曰："修己以安人。"曰："如斯而已乎？"曰："修己以安百姓。修己以安百姓，尧、舜其犹病诸！"

原壤夷俟，子曰："幼而不孙弟，长而无述焉，老而不死，是为贼！"以杖叩其胫。

阙党童子将命，或问之曰："益者与？"子曰："吾见其居于位也，见其与先生并行也。非求益者也，欲速成者也。"

卫灵公第十五

卫灵公问陈于孔子，孔子对曰："俎豆之事，则尝闻之矣；军旅之事，未之学也。"明日遂行。

在陈绝粮，从者病，莫能兴。子路愠见曰："君子亦有穷乎？"子曰："君子固穷，小人穷斯滥矣。"

子曰："赐也，女以予为多学而识之者与？"对曰："然，非与？"曰："非也，予一以贯之。"

子曰："由，知德者鲜矣。"

子曰："无为而治者，其舜也与！夫何为哉？恭己正南面而已矣。"

子张问行，子曰："言忠信，行笃敬，虽蛮貊之邦行矣；言不忠信，行不笃敬，虽州里行乎哉？立则见其参于前也；在舆则见其倚于衡也，夫然后行。"子张书诸绅。

子曰："直哉史鱼！邦有道，如矢；邦无道，如矢。君子哉蘧伯玉！邦有道，则仕；邦无道，则可卷而怀之。"

子曰:"可与言而不与之言,失人;不可与言而与之言,失言。知者不失人,亦不失言。"

子曰:"志士仁人无求生以害仁,有杀身以成仁。"

子贡问为仁,子曰:"工欲善其事,必先利其器。居是邦也,事其大夫之贤者,友其士之仁者。"

颜渊问为邦,子曰:"行夏之时,乘殷之辂,服周之冕,乐则《韶》《舞》。放郑声,远佞人。郑声淫,佞人殆。"

子曰:"人无远虑,必有近忧。"

子曰:"已矣乎!吾未见好德如好色者也。"

子曰:"臧文仲其窃位者与!知柳下惠之贤而不与立也。"

子曰:"躬自厚而薄责于人,则远怨矣。"

子曰:"不曰'如之何、如之何'者,吾末如之何也已矣。"

子曰:"群居终日,言不及义,好行小慧,难矣哉!"

子曰:"君子义以为质,礼以行之,孙以出之,信以成之。君子哉!"

子曰:"君子病无能焉,不病人之不己知也。"

子曰:"君子疾没世而名不称焉。"

子曰:"君子求诸己,小人求诸人。"

子曰:"君子矜而不争,群而不党。"

子曰:"君子不以言举人,不以人废言。"

子贡问曰:"有一言而可以终身行之者乎?"子曰:"其恕乎!己所不欲,勿施于人。"

子曰:"吾之于人也,谁毁谁誉?如有所誉者,其有所试矣。斯民也,三代之所以直道而行也。"

子曰:"吾犹及史之阙文也,有马者借人乘之,今亡矣夫!"

子曰:"巧言乱德,小不忍则乱大谋。"

子曰:"众恶之,必察焉;众好之,必察焉。"

子曰:"人能弘道,非道弘人。"

子曰:"过而不改,是谓过矣。"

子曰:"吾尝终日不食、终夜不寝以思,无益,不如学也。"

子曰:"君子谋道不谋食。耕也馁在其中矣,学也禄在其中矣。君子忧道不忧贫。"

子曰:"知及之,仁不能守之,虽得之,必失之;知及之,仁能守之,不庄以莅之,则民不敬;知及之,仁能守之,庄以莅之,动之不以礼,未善也。"

子曰:"君子不可小知而可大受也,小人不可大受而可小知也。"

子曰:"民之于仁也,甚于水火。水火,吾见蹈而死者矣,未见蹈仁而死者也。"

子曰:"当仁不让于师。"

子曰:"君子贞而不谅。"

子曰:"事君,敬其事而后其食。"

子曰:"有教无类。"

子曰:"道不同,不相为谋。"

子曰:"辞达而已矣。"

师冕见,及阶。子曰:"阶也。"及席,子曰:"席也。"皆坐,子告之曰:"某在斯,某在斯。"师冕出。子张问曰:"与师言之道与?"子曰:"然,固相师之道也。"

季氏第十六

季氏将伐颛臾,冉有、季路见于孔子,曰:"季氏将有事于颛臾。"孔子曰:"求,无乃尔是过与?夫颛臾,昔者先王以为东蒙主,且在邦域之中矣,是社稷之臣也。何以伐为?"冉有曰:"夫子欲之,吾二臣者,皆不欲也。"孔子曰:"求,周任有言曰:'陈力就列,不能者止。'危而不持,颠而不扶，则将焉用彼相矣？且尔言过矣，虎兕出于柙，龟玉毁于椟中，是谁之过与？"冉有曰："今夫颛臾固而近于费，今不取，后世必为子孙忧。"孔子曰："求，君子疾夫舍曰欲之，而必为之辞。丘也闻有国有家者，不患寡而患不均，不患贫而患不安。盖均无贫，和无寡，安无倾。夫如是，故远人不服，则修文德以来之，既来之，则安之。今由与求也相夫子，远人不服而不能来也，邦分崩离析而不能守也，而谋动干戈于邦内。吾恐季孙之忧不在颛臾，而在萧墙之内也。"

孔子曰："天下有道，则礼乐征伐自天子出；天下无道，则礼乐征伐自诸侯出。自诸侯出，盖十世希不失矣；自大夫出，五世希不失矣；陪臣执国命，三世希不失矣。天下有道，则政不在大夫；天下有道，则庶人不议。"

孔子曰："禄之去公室五世矣，政逮于大夫四世矣，故夫三桓之子孙微矣。"

孔子曰："益者三友，损者三友。友直、友谅、友多闻，益矣；友便辟、友善柔、友便佞，损矣。"

孔子曰："益者三乐，损者三乐。乐节礼乐、乐道人之善、乐多贤友，益矣；乐骄乐、乐佚游、乐宴乐，损矣。"

孔子曰："侍于君子有三愆：言未及之而言谓之躁，言及之而不言谓之隐，未见颜色而言谓之瞽。"

孔子曰："君子有三戒：少之时，血气未定，戒之在色；及其壮也，血气方刚，戒之在斗；及其老也，血气既衰，戒之在得。"

孔子曰："君子有三畏：畏天命，畏大人，畏圣人之言。小人不知天命而不畏也，狎大人，侮圣人之言。"

孔子曰："生而知之者上也，学而知之者次也；困而学之又其次也。困而不学，民斯为下矣。"

孔子曰："君子有九思：视思明，听思聪，色思温，貌思恭，言思忠，事思敬，疑思问，忿思难，见得思义。"

孔子曰："见善如不及，见不善如探汤；吾见其人矣，吾闻其语矣。隐居以求其志，行义以达其道；吾闻其语矣，未见其人也。"

齐景公有马千驷，死之日，民无德而称焉；伯夷、叔齐饿于首阳之下，民到于今称之。其斯之谓与？

陈亢问于伯鱼曰："子亦有异闻乎？"对曰："未也。尝独立，鲤趋而过庭。曰：'学《诗》乎？'对曰：'未也。''不学《诗》，无以言。'鲤退而学《诗》。他日，又独立，鲤趋而过庭。曰：'学礼乎？'对曰：'未也。''不学礼，无以立。'鲤退而学礼。闻斯二者。"陈亢退而喜曰："问一得三，闻《诗》，闻礼，又闻君子之远其子也。"

邦君之妻，君称之曰夫人，夫人自称曰小童；邦人称之曰君夫人，称诸异邦曰寡小君；异邦人称之亦曰君夫人。

阳货第十七

阳货欲见孔子，孔子不见，归孔子豚。孔子时其亡也而往拜之，遇诸涂。谓孔子曰："来，予与尔言。"曰："怀其宝而迷其邦，可谓仁乎？"曰："不可。""好从事而亟失时，可谓知乎？"曰："不可。""日月逝矣，岁不我与。"孔子曰："诺，吾将仕矣。"

子曰："性相近也，习相远也。"

子曰："唯上知与下愚不移。"

子之武城，闻弦歌之声。夫子莞尔而笑，曰："割鸡焉用牛刀？"子游对曰："昔者偃也闻诸夫子曰：'君子学道则爱人，小人学道则易使也。'"子曰："二三子，偃之言是也！前言戏之耳。"

公山弗扰以费畔，召，子欲往。子路不说，曰："末之也已，何必公山氏之之也？"子曰："夫召我者而岂徒哉？如有用我者，吾其为东周乎！"

子张问仁于孔子。孔子曰："能行五者于天下为仁矣。"请问之，曰："恭、宽、信、敏、惠。恭则不侮，宽则得众，信则人任焉，敏则有功，惠则足以使人。"

佛肸召，子欲往。子路曰："昔者由也闻诸夫子曰：'亲于其身为不善者，君子不入也。'佛肸以中牟畔，子之往也，如之何？"子曰："然，有是言也。不曰坚乎，磨而不磷；不曰白乎，涅而不缁。吾岂匏瓜也哉？焉能系而不食？"

子曰："由也，女闻六言六蔽矣乎？"对曰："未也。""居！吾语女。好仁不好学，其蔽也愚；好知不好学，其蔽也荡；好信不好学，其蔽也贼；好直不好学，其蔽也绞；好勇不好学，其蔽也乱；好刚不好学，其蔽也狂。"

子曰："小子何莫学夫《诗》？《诗》可以兴，可以观，可以群，可以怨。迩之事父，远之事君，多识于鸟兽草木之名。"

子谓伯鱼曰："女为《周南》《召南》矣乎？人而不为《周南》《召南》，其犹正墙面而立也与！"

子曰："礼云礼云，玉帛云乎哉？乐云乐云，钟鼓云乎哉？"

子曰："色厉而内荏，譬诸小人，其犹穿窬之盗也与？"

子曰："乡原，德之贼也。"

子曰："道听而涂说，德之弃也。"

子曰："鄙夫可与事君也与哉？其未得之也，患得之；既得之，患失之。苟患失之，无所不至矣。"

子曰："古者民有三疾，今也或是之亡也。古之狂也肆，今之狂也荡；古之矜也廉，今之矜也忿戾；古之愚也直，今之愚也诈而已矣。"

子曰："巧言令色，鲜矣仁。"

子曰："恶紫之夺朱也，恶郑声之乱雅乐也，恶利口之覆邦家者。"

子曰："予欲无言。"子贡曰："子如不言，则小子何述焉？"子曰："天何言哉？四时行焉，百物生焉，天何言哉？"

孺悲欲见孔子，孔子辞以疾。将命者出户，取瑟而歌，使之闻之。

宰我问："三年之丧，期已久矣！君子三年不为礼，礼必坏；三年不为乐，乐必崩。旧谷既没，新谷既升，钻燧改火，期可已矣。"子曰："食夫稻，衣夫锦，于女安乎？"曰："安！""女安则为之！夫君子之居丧，食旨不甘，闻乐不乐，居处不安，故不为也。今女安，则为之！"宰我出，子曰："予之不仁也！子生三年，然后免于父母之怀。夫三年之丧，天下之通丧也，予也有三年之爱于其父母乎？"

子曰："饱食终日，无所用心，难矣哉！不有博弈者乎？为之犹贤乎已。"

子路曰："君子尚勇乎？"子曰："君子义以为上。君子有勇而无义为乱，小人有勇而无义为盗。"

子贡曰："君子亦有恶乎？"子曰："有恶。恶称人之恶者，恶居下流而讪上者，恶勇而无礼者，恶果敢而窒者。"曰："赐也亦有恶乎？""恶徼以为知者，恶不孙以为勇者，恶讦以为直者。"

子曰："唯女子与小人为难养也，近之则不孙，远之则怨。"

子曰："年四十而见恶焉，其终也已。"

微子第十八

微子去之，箕子为之奴，比干谏而死。孔子曰："殷有三仁焉。"

柳下惠为士师，三黜。人曰："子未可以去乎？"曰："直道而事人，焉往而不三黜？枉道而事人，何必去父母之邦？"

齐景公待孔子曰："若季氏，则吾不能；以季、孟之间待之。"曰："吾老矣，不能用也。"孔子行。

齐人归女乐，季桓子受之，三日不朝，孔子行。

楚狂接舆歌而过孔子曰："凤兮凤兮，何德之衰？往者不可谏，来者犹可追。已而已而，今之从政者殆而！"孔子下，欲与之言，趋而辟之，不得与之言。

长沮、桀溺耦而耕，孔子过之，使子路问津焉。长沮曰："夫执舆者为谁？"子路曰："为孔丘。"曰："是鲁孔丘与？"曰："是也。"曰："是知津矣。"问于桀溺，桀溺曰："子为谁？"曰："为仲由。"曰："是鲁孔丘之徒与？"对曰："然。"曰："滔滔者天下皆是也，而谁以易之？且而与其从辟人之士也，岂若从辟世之士？"耰而不辍。子路行以告，夫子怃然曰："鸟兽不可与同群，吾非斯人之徒与而谁与？天下有道，丘不与易也。"

子路从而后，遇丈人，以杖荷蓧。子路问曰："子见夫子乎？"丈人曰："四体不勤，五谷不分，孰为夫子？"植其杖而芸，子路拱而立。止子路宿，杀鸡为黍而食之，见其二子焉。明日，子路行以告，子曰："隐者也。"使子路反见之，至则行矣。子路曰："不仕无义。长幼之节不可废也，君臣之义如之何其废之？欲洁其身而乱大伦。君子之仕也，行其义也，道之不行已知之矣。"

逸民：伯夷、叔齐、虞仲、夷逸、朱张、柳下惠、少连。子曰："不降其志，不辱其身，伯夷、叔齐与！"谓："柳下惠、少连降志辱身矣，言中伦，行中虑，其斯而已矣。"谓："虞仲、夷逸隐居放言，身中清，废中权。我则异于是，无可无不可。"

太师挚适齐，亚饭干适楚，三饭缭适蔡，四饭缺适秦，鼓方叔入于河，播鼗武入于汉，少师阳、击磬襄入于海。

周公谓鲁公曰："君子不施其亲，不使大臣怨乎不以。故旧无大故则不弃也，无求备于一人。"

周有八士：伯达、伯适、仲突、仲忽、叔夜、叔夏、季随、季騧。

子张第十九

子张曰:"士见危致命,见得思义,祭思敬,丧思哀,其可已矣。"

子张曰:"执德不弘,信道不笃,焉能为有?焉能为亡?"

子夏之门人问交于子张。子张曰:"子夏云何?"对曰:"子夏曰:'可者与之,其不可者拒之。'"子张曰:"异乎吾所闻。君子尊贤而容众,嘉善而矜不能。我之大贤与,于人何所不容?我之不贤与,人将拒我,如之何其拒人也?"

子夏曰:"虽小道必有可观者焉,致远恐泥,是以君子不为也。"

子夏曰:"日知其所亡,月无忘其所能,可谓好学也已矣。"

子夏曰:"博学而笃志,切问而近思,仁在其中矣。"

子夏曰:"百工居肆以成其事,君子学以致其道。"

子夏曰:"小人之过也必文。"

子夏曰:"君子有三变:望之俨然,即之也温,听其言也厉。"

子夏曰:"君子信而后劳其民,未信,则以为厉己也;信而后谏,未信,则以为谤己也。"

子夏曰:"大德不逾闲,小德出入可也。"

子游曰:"子夏之门人小子,当洒扫、应对、进退则可矣。抑末也,本之则无,如之何?"子夏闻之,曰:"噫,言游过矣!君子之道,孰先传焉?孰后倦焉?譬诸草木,区以别矣。君子之道焉可诬也?有始有卒者,其惟圣人乎!"

子夏曰:"仕而优则学,学而优则仕。"

子游曰:"丧致乎哀而止。"

子游曰:"吾友张也为难能也,然而未仁。"

曾子曰:"堂堂乎张也,难与并为仁矣。"

曾子曰:"吾闻诸夫子,人未有自致者也,必也亲丧乎!"

曾子曰："吾闻诸夫子，孟庄子之孝也，其他可能也；其不改父之臣与父之政，是难能也。"

孟氏使阳肤为士师，问于曾子。曾子曰："上失其道，民散久矣。如得其情，则哀矜而勿喜！"

子贡曰："纣之不善，不如是之甚也。是以君子恶居下流，天下之恶皆归焉。"

子贡曰："君子之过也，如日月之食焉。过也人皆见之，更也人皆仰之。"

卫公孙朝问于子贡曰："仲尼焉学？"子贡曰："文武之道未坠于地，在人。贤者识其大者，不贤者识其小者，莫不有文武之道焉。夫子焉不学？而亦何常师之有？"

叔孙武叔语大夫于朝曰："子贡贤于仲尼。"子服景伯以告子贡，子贡曰："譬之宫墙，赐之墙也及肩，窥见室家之好；夫子之墙数仞，不得其门而入，不见宗庙之美、百官之富。得其门者或寡矣，夫子之云不亦宜乎！"

叔孙武叔毁仲尼。子贡曰："无以为也，仲尼不可毁也。他人之贤者，丘陵也，犹可逾也；仲尼，日月也，无得而逾焉。人虽欲自绝，其何伤于日月乎？多见其不知量也。"

陈子禽谓子贡曰："子为恭也，仲尼岂贤于子乎？"子贡曰："君子一言以为知，一言以为不知，言不可不慎也。夫子之不可及也，犹天之不可阶而升也。夫子之得邦家者，所谓立之斯立，道之斯行，绥之斯来，动之斯和。其生也荣，其死也哀，如之何其可及也？"

尧曰第二十

尧曰："咨！尔舜，天之历数在尔躬，允执其中。四海困穷，天禄永终。"舜亦以命禹。曰："予小子履，敢用玄牡，敢昭告于皇皇后帝：有罪不敢赦，帝臣不蔽，简在帝心。朕躬有罪，无以万方；万方有罪，罪在朕躬。"周有大赉，善人是富。"虽有周亲，不如仁人。百姓有过，在予一人。"谨权量，审法度，修废官，四方之政行焉。兴灭国，继绝世，举逸民，天下之民归心焉。所重：民、食、丧、祭。宽则得众，信则民任焉，敏则有功，公则说。

子张问于孔子曰："何如斯可以从政矣？"子曰："尊五美，屏四恶，斯可以从政矣。"子张曰："何谓五美？"子曰："君子惠而不费，劳而不怨，欲而不贪，泰而不骄，威而不猛。"子张曰："何谓惠而不费？"子曰："因民之所利而利之，斯不亦惠而不费乎？择可劳而劳之，又谁怨？欲仁而得仁，又焉贪？君子无众寡，无小大，无敢慢，斯不亦泰而不骄乎？君子正其衣冠，尊其瞻视，俨然人望而畏之，斯不亦威而不猛乎？"子张曰："何谓四恶？"子曰："不教而杀谓之虐；不戒视成谓之暴；慢令致期谓之贼；犹之与人也，出纳之吝谓之有司。"

孔子曰："不知命，无以为君子也；不知礼，无以立也；不知言，无以知人也。"

选自宋元人注《四书五经》上册，
朱熹注《论语章句集注》，中国书店2011年版。

精要研读

一、人物与背景

《论语》是孔子的弟子及再传弟子根据直接记录和传闻而整理编纂的关于孔子及若干弟子言行的一部书,约成书于春秋末战国初。它被奉为儒家经典之一,甚至是"儒家学说的最高经典"[①]。《论语》之"语",是古代一种文体,与"言"相对。前者指的是一种谈论、话语形式,后者则是著书立说形式。孔子一生述而不作,但在其为师生涯和周游列国中,他留下许多与弟子、时人即席的对话、言语,其中许多具有深邃的思想见地。因其多位弟子门人回忆记录孔子生前的谈话、答弟子及时人问以及弟子间的谈论,遂以《论语》命名。以班固著述为证:"《论语》者,孔子应答弟子、时人及弟子相与言而接闻于夫子之语也。当时弟子各有所记,夫子即卒,门人相与辑而论纂,故谓之《论语》。"[②]

孔子(前551—前479年),名丘,字仲尼,鲁国人,春秋末期思想家、教育家。他曾做过鲁国的小官,任"委吏"和"乘田"。50岁时,由中都宰(地方公邑长官)升司空(鲁国工程事务长官)和司寇(鲁国司法长官),行摄相事,仅三月而罢,后终不仕。[③]孔子一生主要活动是从事私人教育,聚徒讲学;有"弟子三千,贤者七十二"的美谈。孔子时代是邪说横行、处士横议,即"无道"的时代,孟子语"邪说暴行有之;臣弑其

[①] 唐凯麟、邓名瑛:《中国伦理学名著提要》,湖南师范大学出版社2001年版,第12页。

[②] (汉)班固:《汉书·艺文志》,见刘俊田、林松、禹克坤:《四书全译》,贵州人民出版社1988年版,第79页。

[③] 朱贻庭主编:《伦理学大词典》,上海辞书出版社2002年版,第413页。

君有之；子弑其父有之"。这种时代生发出三种人，即极端破坏派、极端厌世派和积极救世派。孔子对前二者都不赞成，坚定地属于后者。正因天下无道，他才带着学生，栖栖遑遑四处奔走，想变"无道"为"有道"。他曾说"苟有用我者，期月而已可也。三年有成"，由此可见其政治改良之决心。但其主张终因未受各诸侯国国君所青睐而付之东流。他去周游列国，在齐、卫、陈、蔡等国，积极宣传其学说主张，游说各国诸侯及大夫，却不曾有行道机会，反而遭到奚落。变"无道"为"有道"，从何下手？孔子认识到，社会国家的变化，非一朝一夕之故，其所由来者渐矣，由辨之不早辨也。《易》曰："履霜坚冰至，盖言顺也。"孔子认为，改良国家不是头痛医头、脚痛医脚的功夫可办得到的，必须从根本上入手。于是，孔子68岁回到鲁国，将晚年献身于经典著述。他从《易》入手，对《周易》的卦辞和爻辞也作了订定。

孔子被公认为儒家学派的创始人，这是从狭义上理解"儒"时得出的结论。如前所述，广义上的"儒"，是殷民族的礼教的教士，他们的职业是治丧、相礼、教学。他们"是一种穿戴古衣冠，外貌表示文弱迂缓的人"①。从广义甚古的"儒"，变成狭义的孔门学者的私名，这固然是孔子个人的伟大成绩，其中也有很重要的历史原因。"儒教的伸展是殷亡以后五六百年的一个伟大的历史趋势；孔子只是这个历史趋势的最伟大的代表者，他的成绩也只是这五六百年的历史运动的一个庄严灿烂的成功。"②撇开"儒"是否能称为"儒教"不论，以孔子为代表的儒家学派开辟了殷亡以后的广义儒的学术思想道路，使得狭义儒成为孔门思想的代名词。孔子也就成为儒家学派的奠基者。

顺便提及，孔子的弟子门人，相传贤者72人。其中颜渊（颜回）、子

---

① 胡适：《说儒》，漓江出版社2013年版，第9页。
② 胡适：《说儒》，漓江出版社2013年版，第47页。

贡、子夏、曾参、有若、子张等均为孔子得意门生。如《论语》中，记载孔子多次盛赞颜渊，惋惜其英年早逝。众门生及时人，深情回忆孔子的思想学说与谆谆教诲以及在具体情境下的答问，才留下《论语》这部丰厚的思想遗产。汉代时，《论语》有三种不同版本：包括《鲁论语》20篇；《齐论语》22篇；《古文论语》21篇。汉末郑玄根据《鲁论语》篇章，参考后二者作注。以后，郑玄注本独传。今沿用20篇。

二、精要论点

（一）关于"仁"的学说

《论语》以"仁"的观点阐述礼乐思想，创建了以"仁"为核心，仁礼统一的政治伦理思想体系。《论语》通篇，有一百多处提到"仁"，但对其解释和理解总体上看有三类：一是指"爱人"的意识；二是指一切美德的总和；三是指值得献身的最高道德理想。从第一类看，"仁"首先要爱亲。孔子提出"爱亲之谓仁"的观念，"孝弟也者，其为仁之本焉"，表明"仁"的观念从根本上说，是符合宗法亲情关系的。继而，从爱亲又推而广之，发展到"爱人"，泛爱众人。从第二类看，孔子视"仁"为美德的总称，他将有高尚德行的人称为"仁者"，提出恭、宽、信、敏、惠五项为"仁"的德行。在此，孔子立"仁"的出发点是对日后能治国平天下的"君子"而言。从第三类看，"仁"是孔子所毕生追求的道德理想和最高境界。"志士仁人，无求生以害人，有杀生以成仁。"[1] "君子无终食之间违仁，造次必于是，颠沛必于是。"[2] 孔子认为，成仁是君子修身所能达到的最高境界，也是君子以天下为己任，努力弘道，使社会达到的最理想境界。他主张克己复礼为仁，天下归仁焉。

---

[1] 朱熹：《论语章句集注》，见宋元人注：《四书五经》（上册），中国书店1985年版，第66页。
[2] 朱熹：《论语章句集注》，见宋元人注：《四书五经》（上册），中国书店1985年版，第14页。

"仁"既是孔子思想的核心,那么如何才能做到"仁"呢?《论语》中,此类的论述很多,它反映了孔子在不同的情境下对于践行"仁"的途径的思考。"子曰,仁远乎哉?我欲仁,斯仁至矣!"孔子认为仁德其实离我们不远,"我"想要达到仁,仁就会来到。关键是自己是否做出了努力。"为仁由己,而由人乎哉?"比如"仲弓问仁,子曰,出门如见大宾,使民如承大祭。己所不欲,勿施于人。在邦无怨,在家无怨"①。意思是,若一个人出门做事,能做到像接待贵宾一样彬彬有礼,使唤百姓能像祭祖宗一样尊重,自己不喜欢的事不强加于人,在国在家做事都没有结怨,那就是仁了。再如,"子张问仁于孔子。孔子曰,能行五者于天下,为仁矣。请问之,曰,恭宽信敏惠。恭则不侮,宽则得众,信则人任,敏则有功,惠则足以使人"②。又如,"樊迟问仁。子曰,居处恭,执事敬,与人忠,虽之夷狄,不可弃也"③。孔子教导樊迟,居家时容貌态度端庄,办事敬业,替人做事要忠心耿耿。这些品德就是到了夷狄他乡,也不可丢弃。

(二)关于为学与力行的见解

孔子毕生是一个孜孜求学者,一生好学、乐学、学而不厌,提倡知之为知之、不知为不知的求实态度。他不仅善于向书本学,而且善于向他人学。见贤思齐,见不善而内自省,"三人行,必有我师焉"等正是他的为学观。孔子也是一位谦虚的人,但就学习而言,他从不隐讳自己的好学品德。他说:"十室之邑,必有忠信如丘者焉。不如丘之好学也。"④"子曰:笃信好学,守死善道。"⑤他总结其一生的修养过程,表白道:"吾十有五而志于学,三十而立,四十而不惑,五十而知天命,六十而耳顺,七十而从

---

① 朱熹:《论语章句集注》,见宋元人注:《四书五经》(上册),中国书店1985年版,第49页。
② 朱熹:《论语章句集注》,见宋元人注:《四书五经》(上册),中国书店1985年版,第74页。
③ 朱熹:《论语章句集注》,见宋元人注:《四书五经》(上册),中国书店1985年版,第56页。
④ 朱熹:《论语章句集注》,见宋元人注:《四书五经》(上册),中国书店1985年版,第21页。
⑤ 朱熹:《论语章句集注》,见宋元人注:《四书五经》(上册),中国书店1985年版,第34页。

心所欲不逾矩。"① 他被弟子们称为"多学而识之者"。他发奋好学的精神也深刻地影响了其弟子门人。比如,颜渊就是一个好学的弟子。"不迁怒、不二过",孔子常常称赞其有德性与学问,引为唯一的同道。"子谓颜渊曰,用之则行,舍之则藏,惟我与尔有是夫。"② 可惜颜渊英年早逝。相传,卫国大夫公孙朝曾问孔子的弟子子贡:"你老师的学问是从哪里学来的?"子贡回答:"是周文王和周武王的道。文武之道是无处不在的,我的老师是无处不学习的,又何必有一个固定的老师呢?"

为学的过程是求知的过程,而知与行是紧密联系的。孔子以文艺为轻,以行谊为重。主张行有余力,则以学文。孔子特别崇尚力行。"力行近乎仁",这是他对行的高度评价。"子以四教:文、行、忠、信。"③ 文,指历史文献;行,指按照儒家准则行事;忠,指忠诚老实;信,指言行一致。孔子认为,"君子欲讷于言而敏于行"④,那些能说会道而不愿力行的人,与"仁"相距甚远,"巧言令色鲜矣仁"。他主张:"君子名之必可言也,言之必可行也。君子于其言,无所苟而已矣。"⑤ "子贡问君子。子曰:先行其言,而后从之。"⑥ 孔子的意思是,先实行心中所想说的,实行以后再说出来,那就算是君子。"子曰,始吾于人也,听其言而信其行。今吾于人也,听其言而观其行。"⑦ 可见,孔子认为言行不一的人在世上并不鲜见。这种人往往是言语的巨人、行动的侏儒。作为君子,一定要言行一致,说到就要做到,否则就成伪君子了。君子以言过其行为耻。

---

① 朱熹:《论语章句集注》,见宋元人注:《四书五经》(上册),中国书店1985年版,第5页。
② 朱熹:《论语章句集注》,见宋元人注:《四书五经》(上册),中国书店1985年版,第28页。
③ 朱熹:《论语章句集注》,见宋元人注:《四书五经》(上册),中国书店1985年版,第30页。
④ 朱熹:《论语章句集注》,见宋元人注:《四书五经》(上册),中国书店1985年版,第16页。
⑤ 朱熹:《论语章句集注》,见宋元人注:《四书五经》(上册),中国书店1985年版,第54页。
⑥ 朱熹:《论语章句集注》,见宋元人注:《四书五经》(上册),中国书店1985年版,第6页。
⑦ 朱熹:《论语章句集注》,见宋元人注:《四书五经》(上册),中国书店1985年版,第18页。

（三）关于政德的思想

孔子极力主张，为政者必须以德立国、以德治天下，否则江山难以永固。而要做到这一点，就需要自身有大德，为政者应当是有德之人，其言行对下属及百姓有重要的示范作用。首先，孔子提出："为政以德，譬如北辰，居其所而众星共之。"① 有德的为政者受人们拥戴，就像群星围绕着北辰星一样，人们自然就会团结在其周围。"政者，正也。子帅以正，孰敢不正。"② 为政，最关键的就是为政者要"正"，在上位的人若正气凛然，在下位的岂有不正之理？"君子之德风，小人之德草，草上之风必偃。"③ 百姓是跟着为政者走的，就像大自然中风与草的关系，风往哪里吹，草就会往哪倒，君子的言行是百姓的榜样。"季康子问：使民敬、忠以劝，如之何？子曰：临之以庄，则敬；孝慈，则忠；举善而教不能，则劝。"④ 季康子问孔子该怎样使百姓尊敬、忠于自己？孔子回答："你对待他们的态度严肃端庄，他们就会尊敬你；你对父母孝顺、对子女慈爱，他们就会忠于你；你提拔好人，教育无能的人，他们就会互相鼓励做好事。"可见，为政者以德束身，是善治国家的基础。其次，国家治理应当以德为本。孔子有句名言，"道之以政，齐之以刑，民免而无耻。道之以德，齐之以礼，有耻且格"⑤。意思是，如果用政令、刑法治理国家，老百姓固然因惧怕遭受惩罚而不去做违法之事，但却不知荣辱、不知为何不能做坏事；如果以道德、以礼来治国，那么老百姓不仅有荣辱观念，而且能够用这种荣辱观自觉地约束自己。可见，政令刑法是末，道德教育是本。孔子曾经以"足食""足兵""民信之"作为治政的三要素。同时断言三者中以"民信之"

---

① 朱熹:《论语章句集注》，见宋元人注:《四书五经》（上册），中国书店1985年版，第4页。
② 朱熹:《论语章句集注》，见宋元人注:《四书五经》（上册），中国书店1985年版，第52页。
③ 朱熹:《论语章句集注》，见宋元人注:《四书五经》（上册），中国书店1985年版，第52页。
④ 朱熹:《论语章句集注》，见宋元人注:《四书五经》（上册），中国书店1985年版，第7页。
⑤ 朱熹:《论语章句集注》，见宋元人注:《四书五经》（上册），中国书店1985年版，第5页。

为先，因为"民无信不立"。此外，在治政中，他还主张"道千乘之国，敬事而信，节用而爱人，使民以时"；主张"因民之所利而利之"；主张博施于民而能济众；主张惠民、富民、教民等，希望以道德转化为政治。

（四）关于理想人格的主张

孔子毕生，将圣人视为最高的理想人格典范。所谓圣人，指的是"才智道德至高者"①。他祖述尧、舜，认为像尧、舜、禹、汤、文、武、周公这样的圣人，其品德最高尚、智慧最深邃、功业最显赫，是他追求的最高人生目标。当然，在现实生活中，这样的圣人太少。"圣人吾不得而见之矣，得见君子者斯可矣"②。于是，孔子退而求其次，将"君子"视为理想人格。那么，何为君子？《论语》中关于君子的论述很多，孔子却有着他自己的标准："子曰，质胜文则野，文胜质则史，文质彬彬，然后君子。"③在孔子看来，君子应该是内在的道德品质与外表的儒雅风度的完美统一。此处"质"即道德品质，"文"即文饰，指一个人的谈吐、举止、品貌等。孔子认为，仁义是质，礼乐是文。若内在的品质胜于外表文饰，换言之，即外表不如内心，此人固然好，但却是粗野之人；若外表文饰胜于内在的品质，此人便显得虚伪。真正的君子应当表里如一，既有内心良好的道德品质，又有外表得体的风度。

关于文质彬彬，曾有孔子的弟子与时人的一场意味深长的争论。"棘子成曰，君子质而已矣，何以文为？子贡曰，惜乎，夫子之说，君子也，驷不及舌！文，犹质也；质，犹文也，虎豹之鞹犹犬羊之鞹。"④棘子成是卫国的大夫，他对孔子的"文质彬彬"有质疑："君子有道德品质就可以了？为何还要文饰？"孔子学生子贡回应道："先生这样谈论君子，可惜

---

① 朱贻庭主编：《伦理学大词典》，上海辞书出版社2002年版，第324页。
② 朱熹：《论语章句集注》，见宋元人注：《四书五经》（上册），中国书店1985年版，第30页。
③ 朱熹：《论语章句集注》，见宋元人注：《四书五经》（上册），中国书店1985年版，第24页。
④ 朱熹：《论语章句集注》，见宋元人注：《四书五经》（上册），中国书店1985年版，第51页。

说得不对啊！但你一言既出驷马难追。如果外表与内在的品质都一样的话，那么脱了皮的虎豹与犬羊又怎么分辨呢？"这就是说，质与文的关系，是内容与形式的关系。必须配合恰当，不能有所偏废。外表的文饰其实是人的道德品质的表现形式，它也是质的体现。内容与形式应当相互依存，没有脱离形式的内容，也没有不反映内容的形式。可见，棘子成的质疑是荒谬的；而孔子关于理想人格的主张却是十分有见地的。

（五）关于道德教育与修养的理念

孔子作为伟大的教育家，还有着自己的教育理念，毕生善于总结和探讨许多道德教育与修养的规律与方法。如学而时习之、温故知新、有教无类、因材施教、诲人不倦、注重学思结合等，这些论述为后世留下丰厚的教育思想宝藏。首先，孔子以平等的态度对待每一位学生，主张有教无类，无论其家世或天资。他身教与言教并重，因材施教、循循善诱、诲人不倦，在教育方法上注重创新。如"不愤不启、不悱不发，举一隅不以三隅反，则不复也"[1]，他要求学生独立思考，并在此基础上，再予以启发诱导。孔子以人格魅力在弟子中树立了很高的威望。颜渊盛赞恩师："仰之弥高。""夫子循循然善诱人，博我以文，约我以礼。"[2]鲁国有一大夫叫叔孙武叔曾经诽谤孔子，子贡义正词严地说："无以为也！仲尼不可毁也。他人之贤者，丘陵也，犹可逾也；仲尼，日月也，无得而逾焉。"[3]子贡将孔子比作天上的日月，认为其伟大是不可逾越的。其次，孔子潜心研究道德修养的若干方法，并将之授之以徒。如"子曰，学而不思则罔，思而不学则殆"[4]。曾子曰，"吾日三省吾身，为人谋而不忠乎？与朋友交而不信

---

[1] 朱熹：《论语章句集注》，见宋元人注：《四书五经》（上册），中国书店1985年版，第28页。
[2] 朱熹：《论语章句集注》，见宋元人注：《四书五经》（上册），中国书店1985年版，第37页。
[3] 朱熹：《论语章句集注》，见宋元人注：《四书五经》（上册），中国书店1985年版，第82页。
[4] 朱熹：《论语章句集注》，见宋元人注：《四书五经》（上册），中国书店1985年版，第6页。

乎？传不习乎？"① 还有诸如"见贤思齐焉，见不贤而内自省"，"非礼勿视，非礼勿听，非礼勿言，非礼勿动"等。

三、影响与价值

第一，《论语》是先秦时期儒家思想的代表作和巅峰之作。它全面反映了以孔子为代表的先秦儒家在人生问题、人与社会、治国教民等多方面的思考和见解，是一部集政治、道德、教育、哲学、文学等人文思想于一体的不朽之作，蕴含着极其深厚的思想价值。它不仅为后世提供了研究先秦历史的思想资料，而且历久弥新，对后世不同时代的中国社会产生了重大影响。所谓"半部论语治天下"正是对其思想价值的充分肯定。

第二，《论语》是儒家伦理思想的集中体现。虽然孔子以德治国的学说是为统治阶级的长远利益服务的，但是，其思想的进步性和政治远见是不可磨灭的，其道德智慧是极其丰富的。其中对政治道德的深入思考、对道德规律的深刻洞见以及对道德目标、道德原则、道德规范、道德人格、道德教育、道德修养等一系列道德问题的见解，以及孔子本人在道德上的率先垂范，至今仍然有指点现实社会迷津之功效。它为后世留下了不朽的伦理学研究瑰宝，具有伦理思想史研究的重要学术价值。

第三，《论语》所展现的优秀传统文化精华，代表了古代中国的智慧和思想高度。它作为中国优秀传统文化的点睛之作，不仅是对外展示中国文化的一张靓丽的名片，而且能够增强当代中国人的文化自信和文化修养，是当代人不可多得的人生宝典。它能够为当代人在纷繁复杂、功利盛行的人生旅途中指引航向，使其不忘初心、保持定力、奋发有为。它对新时代中国特色社会主义建设中的文化建设和国家文化软实力的提升，也有重要的借鉴作用。

---

① 朱熹：《论语章句集注》，见宋元人注：《四书五经》（上册），中国书店 1985 年版，第 1 页。

第四篇 《道德经》

原　文

上篇

第一章

道可道，非常道；名可名，非常名。无名天地之始；有名万物之母。故常无欲，以观其妙；常有欲，以观其徼。此两者同出而异名，同谓之玄，玄之又玄，众妙之门。

第二章

天下皆知美之为美，斯恶已。皆知善之为善，斯不善已。故有无相生，难易相成，长短相较，高下相倾，音声相和，前后相随。是以圣人处无为之事，行不言之教，万物作焉而不辞，生而不有，为而不恃，功成而弗居。夫唯弗居，是以不去。

第三章

不尚贤，使民不争；不贵难得之货，使民不为盗；不见可欲，使民心不乱。是以圣人之治，虚其心，实其腹，弱其志，强其骨。常使民无知无欲。使夫智者不敢为也。为无为，则无不治。

第四章

道冲而用之或不盈，渊兮似万物之宗。挫其锐，解其纷，和其光，同其尘，湛兮似或存。吾不知谁之子，象帝之先。

第五章

天地不仁，以万物为刍狗；圣人不仁，以百姓为刍狗。天地之间，其犹橐籥乎？虚而不屈，动而愈出。多言数穷，不如守中。

第六章

谷神不死，是谓玄牝。玄牝之门，是谓天地根。绵绵若存，用之不勤。

第七章

天长地久。天地所以能长且久者，以其不自生，故能长生。是以圣人后其身而身先；外其身而身存。非以其无私邪？故能成其私。

第八章

上善若水。水善利万物而不争，处众人之所恶，故几于道。居善地，心善渊，与善仁，言善信，正善治，事善能，动善时。夫唯不争，故无尤。

第九章

持而盈之，不如其已；揣而锐之，不可长保。金玉满堂，莫之能守；富贵而骄，自遗其咎。功遂身退，天之道。

第十章

载营魄抱一，能无离乎？专气致柔，能婴儿乎？涤除玄览，能无疵乎？爱民治国，能无为乎？天门开阖，能为雌乎？明白四达，能无为乎？生之、畜之，生而不有，为而不恃，长而不宰，是谓玄德。

第十一章

三十辐共一毂，当其无，有车之用。埏埴以为器，当其无，有器之用。凿户牖以为室，当其无，有室之用。故有之以为利，无之以为用。

第十二章

五色令人目盲，五音令人耳聋，五味令人口爽，驰骋畋猎令人心发狂，难得之货令人行妨。是以圣人为腹不为目，故去彼取此。

第十三章

宠辱若惊，贵大患若身。何谓宠辱若惊？宠，为下得之若惊，失之若惊，是谓宠辱若惊。何谓贵大患若身？吾所以有大患者，为吾有身，及吾无身，吾有何患？故贵以身为天下，若可寄天下；爱以身为天下，若可托天下。

第十四章

视之不见名曰夷，听之不闻名曰希，搏之不得名曰微。此三者不可致诘，故混而为一。其上不皦，其下不昧。绳绳不可名，复归于无物。是谓无状之状，无物之象，是谓惚恍。迎之不见其首，随之不见其后。执古之道，以御今之有。能知古始，是谓道纪。

第十五章

古之善为士者，微妙玄通，深不可识。夫唯不可识，故强为之容：豫焉若冬涉川，犹兮若畏四邻，俨兮其若容，涣兮若冰之将释，敦兮其若朴，旷兮其若谷，混兮其若浊。孰能浊以静之徐清？孰能安以久动之徐生？保此道者不欲盈，夫唯不盈，故能蔽不新成。

第十六章

致虚极，守静笃。万物并作，吾以观复。夫物芸芸，各复归其根。归根曰静，是谓复命。复命曰常，知常曰明，不知常，妄作，凶。知常容，容乃公，公乃王，王乃天，天乃道，道乃久，没身不殆。

第十七章

太上，下知有之。其次，亲而誉之。其次，畏之。其次，侮之。信不足，焉有不信焉。悠兮其贵言。功成事遂，百姓皆谓我自然。

第十八章

大道废，有仁义；慧智出，有大伪；六亲不和，有孝慈；国家昏乱，有忠臣。

第十九章

绝圣弃智，民利百倍；绝仁弃义，民复孝慈；绝巧弃利，盗贼无有。此三者，以为文不足，故令有所属，见素抱朴，少私寡欲。

第二十章

绝学无忧,唯之与阿,相去几何?善之与恶,相去若何?人之所畏,不可不畏。荒兮其未央哉!众人熙熙,如享太牢,如春登台。我独泊兮其未兆,如婴儿之未孩。傫傫兮若无所归。众人皆有余,而我独若遗。我愚人之心也哉!沌沌兮!俗人昭昭,我独昏昏;俗人察察,我独闷闷。澹兮其若海,飂兮若无止。众人皆有以,而我独顽似鄙。我独异于人,而贵食母。

第二十一章

孔德之容,惟道是从。道之为物,惟恍惟惚。惚兮恍兮,其中有象;恍兮惚兮,其中有物。窈兮冥兮,其中有精;其精甚真,其中有信。自今及古,其名不去,以阅众甫。吾何以知众甫之状哉?以此。

第二十二章

曲则全,枉则直,洼则盈,敝则新,少则得,多则惑。是以圣人抱一,为天下式。不自见故明,不自是故彰,不自伐故有功,不自矜故长。夫唯不争,故天下莫能与之争。古之所谓曲则全者,岂虚言哉!诚全而归之。

第二十三章

希言自然。故飘风不终朝,骤雨不终日。孰为此者?天地。天地尚不能久,而况于人乎?故从事于道者,道者同于道,德者同于德,失者同于失。同于道者,道亦乐得之;同于德者,德亦乐得之;同于失者,失亦乐得之。信不足,焉有不信焉。

第二十四章

企者不立,跨者不行,自见者不明,自是者不彰,自伐者无功,自矜者不长。其在道也,曰余食赘行。物或恶之,故有道者不处。

第二十五章

有物混成,先天地生。寂兮寥兮,独立不改,周行而不殆,可以为天下母。吾不知其名，字之曰道，强为之名曰大。大曰逝，逝曰远，远曰反。故道大，天大，地大，王亦大。域中有四大，而王居其一焉。人法地，地法天，天法道，道法自然。

第二十六章

重为轻根，静为躁君。是以圣人终日行不离辎重。虽有荣观，燕处超然。奈何万乘之主，而以身轻天下？轻则失本，躁则失君。

第二十七章

善行无辙迹，善言无瑕谪；善数不用筹策；善闭无关楗而不可开，善结无绳约而不可解。是以圣人常善救人，故无弃人；常善救物，故无弃物，是谓袭明。故善人者，不善人之师；不善人者，善人之资。不贵其师，不爱其资，虽智大迷，是谓要妙。

第二十八章

知其雄，守其雌，为天下谿。为天下谿，常德不离，复归于婴儿。知其白，守其黑，为天下式。为天下式，常德不忒，复归于无极。知其荣，守其辱，为天下谷。为天下谷，常德乃足，复归于朴。朴散则为器，圣人用之则为官长，故大制不割。

第二十九章

将欲取天下而为之，吾见其不得已。天下神器，不可为也。为者败之，执者失之。故物或行或随，或歔或吹。或强或羸，或挫或隳。是以圣人去甚，去奢，去泰。

第三十章

以道佐人主者，不以兵强天下。其事好还。师之所处，荆棘生焉。大军之后，必有凶年。善有果而已，不敢以取强。果而勿矜，果而勿伐，果而勿骄，果而不得已，果而勿强。物壮则老，是谓不道，不道早已。

第三十一章

夫佳兵者，不祥之器，物或恶之，故有道者不处。君子居则贵左，用兵则贵右。兵者，不祥之器，非君子之器，不得已而用之，恬淡为上。胜而不美，而美之者，是乐杀人。夫乐杀人者，则不可以得志于天下矣。吉事尚左，凶事尚右。偏将军居左，上将军居右，言以丧礼处之。杀人之众，以哀悲泣之，战胜，以丧礼处之。

第三十二章

道常无名，朴虽小，天下莫能臣也。侯王若能守之，万物将自宾。天地相合以降甘露，民莫之令而自均。始制有名，名亦既有，夫亦将知止，知止所以不殆。譬道之在天下，犹川谷之于江海。

第三十三章

知人者智，自知者明。胜人者有力，自胜者强。知足者富，强行者有志。不失其所者久，死而不亡者寿。

第三十四章

大道泛兮，其可左右。万物恃之而生而不辞，功成不名有，衣养万物而不为主，常无欲，可名于小；万物归焉而不为主，可名为大。以其终不自为大，故能成其大。

第三十五章

执大象，天下往。往而不害，安平太。乐与饵，过客止。道之出口，淡乎其无味，视之不足见，听之不足闻，用之不足既。

第三十六章

将欲歙之，必固张之；将欲弱之，必固强之；将欲废之，必固兴之；将欲夺之，必固与之。是谓微明。柔弱胜刚强。鱼不可脱于渊，国之利器不可以示人。

第三十七章

道常无为，而无不为。侯王若能守之，万物将自化。化而欲作，吾将镇之以无名之朴。无名之朴，夫亦将无欲。不欲以静，天下将自定。

下篇

第三十八章

上德不德，是以有德；下德不失德，是以无德。上德无为而无以为；下德无为而有以为。上仁为之而无以为，上义为之而有以为。上礼为之而莫之应，则攘臂而扔之。故失道而后德，失德而后仁，失仁而后义，失义而后礼。夫礼者，忠信之薄而乱之首。前识者，道之华而愚之始。是以大丈夫处其厚，不居其薄；处其实，不居其华。故去彼取此。

第三十九章

昔之得一者，天得一以清，地得一以宁，神得一以灵，谷得一以盈，万物得一以生，侯王得一以为天下贞。其致之，天无以清将恐裂，地无以宁将恐发，神无以灵将恐歇，谷无以盈将恐竭，万物无以生将恐灭，侯王无以贵高将恐蹶。故贵以贱为本，高以下为基。是以侯王自谓孤寡不穀。此非以贱为本邪？非乎？故致数舆无舆，不欲琭琭如玉，珞珞如石。

第四十章

反者，道之动；弱者，道之用。天下万物生于有，有生于无。

第四十一章

上士闻道，勤而行之；中士闻道，若存若亡；下士闻道，大笑之，不笑不足以为道。故建言有之：明道若昧，进道若退，夷道若颣，上德若谷，大白若辱，广德若不足，建德若偷，质真若渝，大方无隅，大器晚成，大音希声，大象无形，道隐无名。夫唯道善贷且成。

第四十二章

道生一，一生二，二生三，三生万物。万物负阴而抱阳，冲气以为和。人之所恶，唯孤寡不穀，而王公以为称。故物，或损之而益，或益之而损。人之所教，我亦教之。强梁者不得其死，吾将以为教父。

第四十三章

天下之至柔，驰骋天下之至坚。无有入无间，吾是以知无为之有益。

不言之教，无为之益，天下希及之。

第四十四章

名与身孰亲？身与货孰多？得与亡孰病？是故甚爱必大费，多藏必厚亡，知足不辱，知止不殆，可以长久。

第四十五章

大成若缺，其用不弊。大盈若冲，其用不穷。大直若屈，大巧若拙，大辩若讷。躁胜寒，静胜热，清静为天下正。

第四十六章

天下有道，却走马以粪。天下无道，戎马生于郊。祸莫大于不知足，咎莫大于欲得，故知足之足，常足矣。

第四十七章

不出户，知天下；不窥牖，见天道。其出弥远，其知弥少。是以圣人不行而知，不见而名，不为而成。

第四十八章

为学日益，为道日损。损之又损，以至于无为，无为而无不为。取天下常以无事，及其有事，不足以取天下。

第四十九章

圣人无常心，以百姓心为心。善者，吾善之；不善者，吾亦善之，德善。信者，吾信之；不信者，吾亦信之，德信。圣人在天下歙歙，为天下浑其心。圣人皆孩之。

第五十章

出生入死。生之徒十有三，死之徒十有三，人之生动之死地，亦十有三。夫何故？以其生生之厚。盖闻善摄生者，陆行不遇兕虎，入军不被甲兵，兕无所投其角，虎无所措其爪，兵无所容其刃。夫何故？以其无死地。

第五十一章

道生之，德畜之，物形之，势成之。是以万物莫不尊道而贵德。道之尊，德之贵，夫莫之命而常自然。故道生之，德畜之：长之、育之、亭之、毒之、养之、覆之。生而不有，为而不恃，长而不宰，是谓玄德。

第五十二章

天下有始，以为天下母。既得其母，以知其子；既知其子，复守其母，没身不殆。塞其兑，闭其门，终身不勤；开其兑，济其事，终身不救。见小曰明，守柔曰强。用其光，复归其明，无遗身殃，是为习常。

第五十三章

使我介然有知，行于大道，唯施是畏。大道甚夷，而民好径。朝甚除，田甚芜，仓甚虚。服文彩，带利剑，厌饮食，财货有余。是为盗夸。非道也哉！

第五十四章

善建者不拔，善抱者不脱，子孙以祭祀不辍。修之于身，其德乃真；修之于家，其德乃余；修之于乡，其德乃长；修之于国，其德乃丰；修之于天下，其德乃普。故以身观身，以家观家，以乡观乡，以国观国，以天下观天下。吾何以知天下然哉？以此。

第五十五章

含德之厚，比于赤子。蜂虿虺蛇不螫，猛兽不据，攫鸟不搏。骨弱筋柔而握固。未知牝牡之合而全作，精之至也。终日号而不嗄，和之至也。知和曰常，知常曰明，益生曰祥，心使气曰强。物壮则老，谓之不道，不道早已。

第五十六章

知者不言，言者不知。塞其兑，闭其门，挫其锐，解其分，和其光，同其尘，是谓玄同。故不可得而亲，不可得而疏；不可得而利，不可得而害；不可得而贵，不可得而贱，故为天下贵。

第五十七章

以正治国，以奇用兵，以无事取天下。吾何以知其然哉？以此。天下多忌讳，而民弥贫；民多利器，国家滋昏；人多伎巧，奇物滋起；法令滋彰，盗贼多有。故圣人云，我无为而民自化，我好静而民自正，我无事而民自富，我无欲而民自朴。

第五十八章

其政闷闷，其民淳淳；其政察察，其民缺缺。祸兮福之所倚，福兮祸之所伏。孰知其极？其无正，正复为奇，善复为妖，人之迷，其日固久。是以圣人方而不割，廉而不刿，直而不肆，光而不燿。

第五十九章

治人事天莫若啬。夫唯啬，是谓早服。早服谓之重积德，重积德则无不克，无不克则莫知其极，莫知其极，可以有国。有国之母，可以长久。是谓深根固柢，长生久视之道。

第六十章

治大国若烹小鲜。以道莅天下，其鬼不神。非其鬼不神，其神不伤人；非其神不伤人，圣人亦不伤人。夫两不相伤，故德交归焉。

第六十一章

大国者下流，天下之交，天下之牝。牝常以静胜牡，以静为下。故大国以下小国，则取小国；小国以下大国，则取大国。故或下以取，或下而取。大国不过欲兼畜人，小国不过欲入事人。夫两者各得其所欲，大者宜为下。

第六十二章

道者万物之奥，善人之宝，不善人之所保。美言可以市，尊行可以加人。人之不善，何弃之有！故立天子，置三公。虽有拱璧以先驷马，不如坐进此道。古之所以贵此道者何？不曰以求得，有罪以免邪？故为天下贵。

第六十三章

为无为，事无事，味无味。大小多少，报怨以德。图难于其易，为大于其细。天下难事必作于易，天下大事必作于细，是以圣人终不为大，故能成其大。夫轻诺必寡信，多易必多难。是以圣人犹难之，故终无难矣。

第六十四章

其安易持，其未兆易谋。其脆易泮，其微易散。为之于未有，治之于未乱。合抱之木，生于毫末；九层之台，起于累土；千里之行，始于足下。为者败之，执者失之。是以圣人无为，故无败；无执，故无失。民之从事，常于几成而败之。慎终如始，则无败事。是以圣人欲不欲，不贵难得之货。学不学，复众人之所过。以辅万物之自然，而不敢为。

第六十五章

古之善为道者，非以明民，将以愚之。民之难治，以其智多。故以智治国，国之贼；不以智治国，国之福。知此两者，亦稽式。常知稽式，是谓玄德。玄德深矣，远矣，与物反矣，然后乃至大顺。

第六十六章

江海所以能为百谷王者，以其善下之，故能为百谷王。是以欲上民，必以言下之；欲先民，必以身后之。是以圣人处上而民不重，处前而民不害。是以天下乐推而不厌，以其不争，故天下莫能与之争。

第六十七章

天下皆谓我道大，似不肖。夫唯大，故似不肖。若肖，久矣其细也夫。我有三宝，持而保之。一曰慈，二曰俭，三曰不敢为天下先。慈，故能勇；俭，故能广；不敢为天下先，故能成器长。今舍慈且勇，舍俭且广，舍后且先，死矣。夫慈，以战则胜，以守则固。天将救之，以慈卫之。

第六十八章

善为士者不武，善战者不怒，善胜敌者不与，善用人者为之下，是谓不争之德，是谓用人之力，是谓配天古之极。

第六十九章

用兵有言，吾不敢为主而为客，不敢进寸而退尺。是谓行无行，攘无臂，仍无敌，执无兵。祸莫大于轻敌，轻敌几丧吾宝。故抗兵相加，哀者胜矣。

第七十章

吾言甚易知，甚易行，天下莫能知，莫能行。言有宗，事有君。夫唯无知，是以不我知。知我者希，则我者贵。是以圣人被褐而怀玉。

第七十一章

知不知，尚；不知知，病。夫唯病病，是以不病。圣人不病，以其病病，是以不病。

第七十二章

民不畏威，则大威至。无狎其所居，无厌其所生。夫唯不厌，是以不厌。是以圣人自知，不自见；自爱，不自贵。故去彼取此。

第七十三章

勇于敢则杀，勇于不敢则活。此两者，或利或害。天之所恶，孰知其故？是以圣人犹难之。天之道，不争而善胜，不言而善应，不召而自来，坦然而善谋。天网恢恢，疏而不失。

第七十四章

民不畏死，奈何以死惧之？若使民常畏死，而为奇者吾得执而杀之，孰敢？常有司杀者杀，夫代司杀者杀，是谓代大匠斫，夫代大匠斫者，希有不伤其手矣。

第七十五章

民之饥，以其上食税之多，是以饥。民之难治，以其上之有为，是以难治。民之轻死，以其求生之厚，是以轻死。夫唯无以生为者，是贤于贵生。

第七十六章

人之生也柔弱，其死也坚强。万物草木之生也柔脆，其死也枯槁。故坚强者死之徒，柔弱者生之徒。是以兵强则不胜，木强则兵。强大处下，柔弱处上。

第七十七章

天之道，其犹张弓与？高者抑之，下者举之；有余者损之，不足者补之。天之道，损有余而补不足。人之道则不然，损不足以奉有余。孰能有余以奉天下？唯有道者。是以圣人为而不恃，功成而不处，其不欲见贤。

第七十八章

天下莫柔弱于水，而攻坚强者莫之能胜，其无以易之。弱之胜强，柔之胜刚，天下莫不知，莫能行。是以圣人云，受国之垢，是谓社稷主；受国不祥，是为天下王。正言若反。

第七十九章

和大怨，必有余怨，安可以为善？是以圣人执左契，而不责于人。有德司契，无德司彻。天道无亲，常与善人。

第八十章

小国寡民，使有什伯之器而不用，使民重死而不远徙。虽有舟舆，无所乘之；虽有甲兵，无所陈之。使人复结绳而用之。甘其食，美其服，安其居，乐其俗。邻国相望，鸡犬之声相闻，民至老死不相往来。

第八十一章

信言不美，美言不信；善者不辩，辩者不善；知者不博，博者不知。圣人不积，既以为人，己愈有；既以与人，己愈多。天之道，利而不害。圣人之道，为而不争。

（魏）王弼注，楼宇烈校释：
《老子道德经注校释》，中华书局2008年版。

精要研读

一、人物与背景

《道德经》是老子撰写的,又称《老子》。它是我国传统文化的重要源头之一,是中国思想史和中国哲学史上一座彪炳千秋的丰碑,是源远流长的中华民族文化和民族精神的重要组成部分。它不仅是中华民族的一部智慧宝典,也是世界智慧遗产。根据联合国教科文组织统计,在世界文化名著中,译成外国文字发行量最多的是《圣经》,其次就是《道德经》。美国《纽约时报》曾经将老子列为世界古今十大作家之首。

老子是中国思想史上一位影响深远的伟大思想家,也是一位伟大的哲学家。老子,姓李名耳,字聃,楚国苦县(今河南鹿邑东)人,春秋末哲学家。老子做过周守藏室史,曾受孔子之问礼。见周衰而退隐。《道德经》,据说并非老子的从容缜密之作,而是出于偶然机缘。"见周之衰,乃遂去,至关,关令尹喜曰:'子将隐矣,强为我著书。'于是老子乃著书上下篇。"(《史记·老子韩非列传》)这就是说,此书是在老子行将出关之前,被关令尹喜"逼"出来的。① 《道德经》迄今最古的传本,是1993年在湖北荆门出土的战国楚墓中的《老子》竹简本。1973年,在湖南长沙马王堆汉墓中发现《老子》帛书本,说明西汉前期已有《老子》定本。此后历史上研究《道德经》的论著、注译本不计其数。较有影响的学人著作80余种,如:河上公《河上公章句》、王弼《老子道德经注》、傅奕《道德经

---

① 董京泉:《老子道德经新编》,中国社会科学出版社2008年版,第2页。

古本篇》、李约《道德真经新注》、苏辙《老子解》、王夫之《老子衍》、魏源《老子本义》、马叙伦《老子校诂》等。今通行本《道德经》是三国魏晋玄学家王弼整理编定的《老子道德经注》。

王弼（226—249年）三国魏晋玄学家，魏晋玄学主要创始人之一。自幼聪慧，对老子哲学中的"先天地生"的"道"和"有生于无"作玄学解释。主要著作有《老子注》《老子指略》《周易注》《周易略例》《论语释疑》等。王弼的《老子道德经注》原无标点符号，文中的断句及分段，取于现当代校诂学者的共识。通行本《道德经》在文字内容上与竹简本和帛书本有所差异，但它主要反映老子本人思想，对后世影响也更直接。

世人常将《道德经》与道家、道教相提并论，厘清它们的关系是必要的。所谓道家，"最初称为道德家，《汉书·艺文志》始称'道家'，列为'九流'之一。老子是道家的创始人"①。这是先秦时期以老子"道"的学说为中心的一个学派。老子开创了以"道"为核心的思想体系，成为该学派的创始人。道家学派及其思想是中国传统文化的重要组成部分。它源远流长，在其发展中有许多分支，如老庄学派、黄老学派等。

《道德经》问世后，人们认为老子是人间智慧的守护者，是人类心灵的引导者，甚至认为老子就是道的化身。东汉时期形成的一种宗教，奉老子为教主，称为"太上老君"，奉《道德经》为经典，这就是道教。道教的思想渊源与道家哲学有着密切的关系。道教从宗教角度把"道"视为神异之物，为"一切之祖首，万物之父母"，并将老子神话成天上的神灵，如《老子想尔注》有云："道者一也，一散形为气，聚形为'太上老君'。"②

---

① 朱贻庭主编：《伦理学大辞典》，上海辞书出版社2002年版，第396页。
② 卿希泰：《道教与中国传统文化》，福建人民出版社1990年版，第45页。

二、精要论点

《道德经》通行本共81章，经王弼整理，分上下两篇。前37章为上篇即"道经"；后44章为下篇即"德经"。当代有学人打破既有的结构编排，将全书分为道论篇、德论篇、修身篇、治国篇等四个部分，这是一种大胆的建构尝试。①

（一）关于老子的"道"

"道"是老子哲学及其道家学派的最高范畴，也是中国古代哲学的最高范畴。《道德经》首章作为全书的纲领，开宗明义就表达了老子"道"的思想的深刻内涵。"道"说出来了就不是恒常的"道"。"名"表白出来就不是恒常的"名"。在还没有表白前，那个无分别的状态，是万物生长的母亲。回到那恒常无分别的状态，便可以观看到道体的奥妙。经由恒常而现出分别的迹象，便可以观看到道体的表现。无分别的状态，有分别的迹象，两者都出于恒常的道体，但表面上，其名称却不同。就是这样的同又不同，我们叫它为"玄同"。也就是说它在生命的玄远之源是相通的，这便是"道"。《道德经》中，老子对"道"的规定性未能作出集中的概括，没有给出明确的定义。这可能与先秦哲学家不大善于以概念范畴来构造哲学体系有关（这一时期常用类比论证、格言、比喻等形式），也可能与"道"本身有很大的模糊性与不确定性有关。但可以看出，《道德经》是以"道"的概念作为思想的核心与立论根据的。"道"是既超越又内在于天地万物及社会人生的形而上的存在本体和价值本体。

第一，道是既超越又内在于天地万物及社会人生的存在本体。老子的道不仅超越了五行，如气、水、火无定形等本根说，而且是对天之道、地之道、人之道的共同本质的抽象概括。如第四章，将道看成生命之源，"道冲而用之或不盈，渊兮似万物之宗"。老子以具有自然无为的特性的"道"

---

① 董京泉：《老子道德经新编》，中国社会科学出版社2008年版，第3页。

的至上性否定和超越了上帝和天命的至上性。他以"道"为基础,为核心和逻辑起点,创立了包括宇宙论、本体论、人生论、认识论、方法论、社会历史观的完整的哲学思想体系。在第六章,老子说:"谷神不死,是谓玄牝。玄牝之门,是谓天地根。"因而,道是天地万物的存在本体。

第二,道又是一个集真善美于一体的价值本体。在价值观上"道"是超凡脱俗的精神境界,是人类追求的终极目标。第十六章、第二十一章等都揭示了这一思想。孔德之容,唯道是从,最大的德行愿景就是顺从自然之道。自然大道是何等深远而幽冥,蕴含着精诚的动力。就是经由自然大道,人们才能审阅人间大众各种事物。人必须回归生命本身,这就叫常道。体会得常道就会产生包容,就会变得廓然大公;没体会得常道,胡作非为,那就会产生祸害。廓然大公才能自然天成,符合于道,终其一生才不会有危险,悠久无疆。

第三,"道"的实质是矛盾法则或对立统一规律,对立面的协调和谐或转化是其落脚点。"道"不是游离于万物之外,而是内在于万物之中,因任事物的自然本性发挥作用。这种作用的方式自然而然,不显形迹。内在于万物之中的道,其自然本性就是遵循矛盾法则或对立统一规律,讲究的是对立面的协调和谐或转化。自然无为是"道"的根本特性。

(二)关于老子的"德"

"德"在《道德经》中是仅次于"道"的范畴。什么是"德"?老子依然没有给出明晰的定义。但从全书看,它与"道"的关系密切。"德"与"道",是功用与本体、从与主、显与隐的关系。"德"是"道"本性的显现与外化,是"道"作用于万物所显现的功用,是得之于道而内在于物自身的属性。王夫之曾就其关系作过评述:"德者,行道而有得于心之谓。"[①]当代思想家张岱年先生也指出:"德是一物所得于道者。德是分,道是全。

---

① 王夫之:《读四书大全说》。

一物所得于道以成其体者为德。德实即一物之本性。"① 对于人来说，德是对道的特性、原则的体悟、把握和践行。德发挥作用的方式和方向是以道为准绳的。在《道德经》中，老子阐述了德与道的关系，多方面揭示了德的特性，并回答了应如何修德等问题。

第一，德的层次高低取决于多大程度上体现道的特性。自然无为是"道"的根本特性，而对这一特性的体悟程度决定了上德与下德的分野。第三十八章阐明了这一思想。"上德不德，是以有德；下德不失德，是以无德。上德无为而无以为；下德无为而有以为……是以大丈夫处其厚，不居其薄；处其实，不居其华。故去彼取此。"在老子看来，上德是最高的德或最高尚的德，具有这种德的人已成为德的化身，相忘于德。他不自恃有德，也不刻意显现其德。下德是一种俗德，往往是"两张皮"，德我为二。这种人自恃有德并经常刻意显现其德，故本质上看，是无德之人。上德之人自然无为，也不为什么目的去为。下德之人勉力有为而且是为了目的而为。

第二，提出尊道贵德的思想理念。老子认为，既然德是道的功用和显现，那么尊道贵德便是我们不二的选择。所谓尊道，就是要以道作为自己的存在本体和价值本体，充分尊重道的自然无为的原则。所谓贵德，就是唯道是从。第五十一章指出："道生之，德畜之，物形之，势成之。是以万物莫不尊道而贵德。道之尊，德之贵，夫莫之命而常自然。故道生之，德畜之：长之、育之、亭之、毒之、养之、覆之。生而不有，为而不恃，长而不宰，是谓玄德。"自然大道，创生天地，内具本性，蓄含其中。存在事物，形着其体，事物相接，造成时事。存在万物没有不遵从自然大道，而以内具德性为贵的。

---

① 张岱年：《中国哲学大纲》，中国社会科学出版社1982年版，第24页。

（三）关于老子推道明人的思维方式

以"道"的思想观照人生和社会，就是把对立面的矛盾思想运用于修身、为人处世、军事用兵、治国理政等，从而启迪智慧、自觉把握生命和人生，这是《道德经》的又一精华所在。如第九章用对立面转化的思维阐明了人生的哲理："持而盈之，不如其已；揣而棁之，不可长保。金玉满堂，莫之能守；富贵而骄，自遗其咎。功遂身退，天之道。"执持盈满自溢，不如就此罢休；刀剑磨得过于锋利，难以保持长久。金玉满堂，谁也无法永守；富贵而骄横，只能自取怨尤。功成不居，再建新功，这才符合天之道。第三十三章则是将辩证思维运用于修身："知人者智，自知者明。胜人者有力，自胜者强。知足者富，强行者有志。不失其所者久，死而不亡者寿。"字里行间体现了高超的思想智慧。第三十六章则是以辩证的思维运用于用兵打仗："将欲歙之，必固张之；将欲弱之，必固强之；将欲废之，必固兴之；将欲夺之，必固与之。是谓微明。柔弱胜刚强。"老子用对立面的相互转化思维阐明了敌对双方力量在一定条件下的变化。再如第四十五章揭示了人世间处事的真谛："大成若缺，其用不弊。大盈若冲，其用不穷。大直若屈，大巧若拙，大辩若讷。躁胜寒，静胜热，清静为天下正。"这是说，大道之成，若有所缺，其作用永不衰败；大道满盈，若有所虚，其作用永不穷歇。大道平直，像是曲折；大道巧妙，像是愚钝；大道善辩，像是口讷。行动可以克服寒冷，安静可以克服暑热，心神清静可以君临天下。

三、影响与价值

第一，《道德经》是中国思想史和中国哲学史上的一部重要著作，是人类古代哲学思想的一座伟大丰碑。它在宇宙观和本体论上，突破了所谓天命的创世思维，将自然无为的"道"视为万物的起源。这在人类的认识史上是一次根本的飞跃，为人类认识世界贡献了中国智慧。

第二,《道德经》是中华传统文化的重要源头,它对五千年中华文明的孕育发展起了引领和启迪的作用。它的思想培育和造就了后世一代又一代学者,使他们在传承中华传统优秀文化上不断推陈出新。

第三,《道德经》是中华民族的智慧宝典,它以东方民族的思维特性揭示了自然界、人类社会运行中贯穿如一的本质联系和内在规律。同时,将对规律的洞察与认识运用于社会生活,为人们指引了一条智慧人生路。它通篇所闪耀的思辨哲理,是后世人取之不尽用之不竭的智慧源泉之一。

第四,《道德经》所展示的在宇宙观、价值观和方法论上的精华部分,是当代中国思想道德教育的优秀素材,是青年学生无言的人生导师。

第五篇 《孟子·梁惠王章句上》

原 文

孟子见梁惠王。王曰:"叟不远千里而来,亦将有以利吾国乎?"

孟子对曰:"王何必曰利?亦有仁义而已矣。王曰:'何以利吾国?'大夫曰:'何以利吾家?'士庶人曰:'何以利吾身?'上下交征利而国危矣。万乘之国,弑其君者,必千乘之家;千乘之国,弑其君者,必百乘之家。万取千焉,千取百焉,不为不多矣。苟为后义而先利,不夺不餍。未有仁而遗其亲者也,未有义而后其君者也。王亦曰仁义而已矣,何必曰利?"

孟子见梁惠王。王立于沼上,顾鸿雁麋鹿,曰:"贤者亦乐此乎?"

孟子对曰:"贤者而后乐此,不贤者虽有此,不乐也。《诗》云:'经始灵台,经之营之。庶民攻之,不日成之。经始勿亟,庶民子来。王在灵囿,麀鹿攸伏。麀鹿濯濯,白鸟鹤鹤。王在灵沼,於牣鱼跃。'文王以民力为台为沼,而民欢乐之,谓其台曰灵台,谓其沼曰灵沼,乐其有麋鹿鱼鳖。古之人与民偕乐,故能乐也。《汤誓》曰:'时日害丧?予及女皆亡。'民欲与之皆亡,虽有台池鸟兽,岂能独乐哉?"

梁惠王曰:"寡人之于国也,尽心焉耳矣。河内凶,则移其民于河东,移其粟于河内。河东凶亦然。察邻国之政,无如寡人之用心者。邻国之民不加少,寡人之民不加多,何也?"

孟子对曰:"王好战,请以战喻。填然鼓之,兵刃既接,弃甲曳兵而走。或百步而后止，或五十步而后止。以五十步笑百步，则何如？"

曰："不可！直不百步耳，是亦走也。"

曰："王如知此，则无望民之多于邻国也。不违农时，谷不可胜食也；数罟不入洿池，鱼鳖不可胜食也；斧斤以时入山林，材木不可胜用也。谷与鱼鳖不可胜食，材木不可胜用，是使民养生丧死无憾也。养生丧死无憾，王道之始也。五亩之宅，树之以桑，五十者可以衣帛矣；鸡豚狗彘之畜，无失其时，七十者可以食肉矣；百亩之田，勿夺其时，数口之家可以无饥矣；谨庠序之教，申之以孝悌之义，颁白者不负戴于道路矣。七十者衣帛食肉，黎民不饥不寒，然而不王者，未之有也。狗彘食人食而不知检，涂有饿莩而不知发；人死，则曰：'非我也，岁也。'是何异于刺人而杀之，曰：'非我也，兵也。'王无罪岁，斯天下之民至焉。"

梁惠王曰："寡人愿安承教。"

孟子对曰："杀人以梃与刃，有以异乎？"

曰："无以异也。"

"以刃与政，有以异乎？"

曰："无以异也。"

曰："庖有肥肉，厩有肥马，民有饥色，野有饿莩。此率兽而食人也。兽相食，且人恶之；为民父母，行政不免于率兽而食人，恶在其为民父母也？仲尼曰：'始作俑者，其无后乎！'为其象人而用之也。如之何其使斯民饥而死也？"

梁惠王曰："晋国，天下莫强焉，叟之所知也。及寡人之身，东败于齐，长子死焉；西丧地于秦七百里；南辱于楚。寡人耻之，愿比死者一洒之，如之何则可？"

孟子对曰："地方百里而可以王。王如施仁政于民，省刑罚，薄税敛，深耕易耨；壮者以暇日修其孝悌忠信，入以事其父兄，出以事其长上。可使制梃以挞秦楚之坚甲利兵矣。

"彼夺其民时，使不得耕耨以养其父母。父母冻饿，兄弟妻子离散，彼陷溺其民，王往而征之，夫谁与王敌？故曰：'仁者无敌。'王请勿疑！"

孟子见梁襄王。出，语人曰："望之不似人君，就之而不见所畏焉。卒然问曰：'天下恶乎定？'"吾对曰：'定于一。''孰能一之？'

对曰：'不嗜杀人者能一之。''孰能与之？'"对曰：'天下莫不与也。王知夫苗乎？七八月之间旱，则苗槁矣。天油然作云，沛然下雨，则苗浡然兴之矣。其如是，孰能御之？今夫天下之人牧，未有不嗜杀人者也。如有不嗜杀人者，则天下之民皆引领而望之矣！诚如是也，民归之，由水之就下，沛然谁能御？'"

齐宣王问曰："齐桓、晋文之事可得闻乎？"

孟子对曰："仲尼之徒，无道桓、文之事者，是以后世无传焉。臣未之闻也。无以则王乎？"

曰："德何如，则可以王矣？"

曰："保民而王，莫之能御也。"

曰："若寡人者，可以保民乎哉？"

曰："可。"

曰："何由知吾可也？"

曰："臣闻之胡龁曰，王坐于堂上，有牵牛而过堂下者，王见之，曰：'牛何之？'对曰：'将以衅钟。'王曰：'舍之！吾不忍其觳觫，若无罪而就死地。'对曰：'然则废衅钟与？'曰：'何可废也？以羊易之！'不识有诸？"

曰："有之。"

曰："是心足以王矣。百姓皆以王为爱也，臣固知王之不忍也。"

王曰："然。诚有百姓者。齐国虽褊小，吾何爱一牛？即不忍其觳觫，若无罪而就死地，故以羊易之也。"

曰："王无异于百姓之以王为爱也。以小易大，彼恶知之？王若隐其无罪而就死地，则牛羊何择焉？"

王笑曰："是诚何心哉？我非爱其财而易之以羊也，宜乎百姓之谓我爱也。"

曰："无伤也，是乃仁术也，见牛未见羊也。君子之于禽兽也，见其生，不忍见其死；闻其声，不忍食其肉。是以君子远庖厨也。"

王说曰："《诗》云：'他人有心，予忖度之。'夫子之谓也。夫我乃行之，反而求之，不得吾心。夫子言之，于我心有戚戚焉。此心之所以合于王者，何也？"

曰："有复于王者曰：'吾力足以举百钧，而不足以举一羽；明足以察秋毫之末，而不见舆薪。'则王许之乎？"

曰："否。"

"今恩足以及禽兽，而功不至于百姓者，独何与？然则一羽之不举，为不用力焉；舆薪之不见，为不用明焉，百姓之不见保，为不用恩焉。故王之不王，不为也，非不能也。"

曰："不为者与不能者之形何以异？"

曰："挟太山以超北海，语人曰'我不能'，是诚不能也。为长者折枝，语人曰'我不能'，是不为也，非不能也。故王之不王，非挟太山以超北海之类也；王之不王，是折枝之类也。老吾老，以及人之老；幼吾幼，以及人之幼。天下可运于掌。《诗》云：'刑于寡妻，至于兄弟，以御于家邦。'言举斯心加诸彼而已。故推恩足以保四海，不推恩无以保妻子。古之人所以大过人者无他焉，善推其所为而已矣。今恩足以及禽兽，而功不至于百姓者，独何与？权，然后知轻重；度，然后知长短。物皆然，心为甚。王请度之！抑王兴甲兵，危士臣，构怨于诸侯，然后快于心与？"

王曰："否。吾何快于是？将以求吾所大欲也。"

曰："王之所大欲，可得闻与？"王笑而不言。

曰："为肥甘不足于口与？轻暖不足于体与？抑为采色不足视于目与？

声音不足听于耳与？便嬖不足使令于前与？王之诸臣皆足以供之，而王岂为是哉？"

曰："否。吾不为是也。"

曰："然则王之所大欲可知已。欲辟土地，朝秦楚，莅中国而抚四夷也。以若所为，求若所欲，犹缘木而求鱼也。"

王曰："若是其甚与？"

曰："殆有甚焉。缘木求鱼，虽不得鱼，无后灾；以若所为，求若所欲，尽心力而为之，后必有灾。"

曰："可得闻与？"

曰："邹人与楚人战，则王以为孰胜？"

曰："楚人胜。"

曰："然则小固不可以敌大，寡固不可以敌众，弱固不可以敌强。海内之地，方千里者九，齐集有其一。以一服八，何以异于邹敌楚哉？盖亦反其本矣。今王发政施仁，使天下仕者皆欲立于王之朝，耕者皆欲耕于王之野，商贾皆欲藏于王之市，行旅皆欲出于王之涂，天下之欲疾其君者皆欲赴愬于王。其若是，孰能御之？"

王曰："吾惛，不能进于是矣。愿夫子辅吾志，明以教我。我虽不敏，请尝试之。"

曰："无恒产而有恒心者，惟士为能。若民，则无恒产，因无恒心。苟无恒心，放辟邪侈无不为已。及陷于罪，然后从而刑之，是罔民也。焉有仁人在位罔民而可为也？是故明君制民之产，必使仰足以事父母，俯足以畜妻子，乐岁终身饱，凶年免于死亡。然后驱而之善，故民之从之也轻。今也制民之产，仰不足以事父母，俯不足以畜妻子，乐岁终身苦，凶年不免于死亡。此惟救死而恐不赡，奚暇治礼义哉？王欲行之，则盍反其本矣。五亩之宅，树之以桑，五十者可以衣帛矣；鸡豚狗彘之畜，无失其时，七十者可以食肉矣；百亩之田，勿夺其时，八口之家可以无饥矣；谨庠序之教，申之以孝悌之义，颁白者不负戴于道路矣。老者衣帛食肉，黎民不饥不寒，然而不王者，未之有也。"

选自《儒学十三经》（下），
北方文艺出版社1997年版，第1362—1367页。

精要研读

一、人物与背景

《梁惠王章句上》是《孟子》一书的首篇。《孟子》的作者为战国中期孟子本人及其弟子万章、公孙丑等。还有一说是孟子的弟子或再传弟子的记录。该书记载了孟子及其弟子的各项活动以及政治、教育、哲学、美学、伦理等学说和思想,是研究孟子思想及孟子学派的主要来源。《孟子》作为儒家经典的"四书"之一,始于南宋朱熹的《四书集注》。此后儒家常常以孔孟并提。为了引领儒家学子对经典的学习,朱熹对为学的次序作了具体的安排:"大学,孔氏之遗书,而初学入德之门也。于今可见古人为学次第者独赖此篇之存。而论孟次之。学者必由是而学焉,则庶乎其不差矣。"①这就是"先读《大学》,以定其规模。次读《论语》,以立其根本。次读《孟子》,以观其发越,次读《中庸》,以求古人之微妙处"②。如此说来,《孟子》是继研读《大学》《论语》之后,儒家学子的必读经典。朱熹曾在《孟子章句集注》的"孟子序说"中引用宋代大儒杨时的话评价《孟子》:"杨氏曰,孟子一书,只是要正人心,教人存心养性,收其放心。至论仁义礼智,则以恻隐羞恶辞让是非之心为之端。论邪说之害,则曰生于其心,害于其政。论事君,则曰格君心之非。一正君而国定,千变万化只

---

① (宋)朱熹:《大学章句集注》,见宋元人注:《四书五经》(上),中国书店1985年版,第1页。

② 朱贻庭:《伦理学大辞典》,上海辞书出版社2002年版,第499页。

说从心上来。人能正心，则事无足为者矣。"①

孟子（约前372—前289年）在中国古代思想史上被尊为仅次于孔子的"亚圣"。冯友兰先生曾对孔孟作这样的评价："孔子在中国历史中之地位，如苏格拉底之在西洋历史，孟子在中国历史中之地位，如柏拉图之在西洋历史，其气象之高明亢爽亦似之。"②孟子姓孟名轲，字子舆，邹（今山东邹县东南）人。受业于孔子之孙子思门人，对孔子十分崇拜，以继承孔子自命，自诩为孔子"私淑"弟子，一生之志为继孔子之业。孟子是战国时期著名的思想家和教育家，儒家思孟学派的主要代表。他一生游历齐、宋、滕、魏等国，到处宣扬自己的思想主张，曾任齐宣王的客卿。但总体上看，其政见与战国时期的局势和统治者意愿不相合拍，因而终不见用。晚年退而著书立说。他与弟子万章等一道，序诗、书，述孔子思想之意，作《孟子》七篇。他重在继承和阐发孔子"仁"的思想，将"仁"与"义"联用，称为"仁义"，强调治政"矣有仁义而已"，由此发展出较为系统的仁政（王道）学说。孟子一方面把其"仁政"与法家的力政、霸行相对，确立"以德服人""仁者无敌"的治国安民思想；另一方面，论证施行仁政的思想基础在于人皆有"不忍人之心"，将"不忍人之心"归之人人具有的恻隐、羞恶、辞让、是非之"四端"。同时，他以人道精神将"重民""保民""惠民"等理念引入仁政学说，提出"民为贵，社稷次之，君为轻"的著名论断。

《孟子·梁惠王章句上》是《孟子》七篇之首篇的上篇。这是孟子与魏国梁惠王等的交谈对话记录。魏国是战国的七雄之一，原国都位于安邑（今山西省夏县西北）。因西受秦国的威胁，东又面临赵、韩两国的钳制，魏惠王于公元前361年迁都大梁（今河南省开封市附近）。此后魏又

---

① （宋）朱熹：《孟子章句集注（孟子序说）》，见宋元人注：《四书五经》（上），中国书店1985年版，第2页。

② 冯友兰：《中国哲学史》上，重庆出版社2009年版，第92页。

称为梁，魏惠王又称梁惠王。梁惠王（公元前400—前319年），魏国国君。梁惠王前，魏文侯重用李悝为相国，实行变法，国力日渐强盛；到梁惠王时，又进一步实行改革，国力更加强大。但至梁惠王中晚期，由于几次重大战役的惨败，国力迅速衰弱。期间秦国数次出兵伐魏，使魏国被迫割地。公元前323年，楚国又大战魏国，迫使魏国献出大片土地。此时魏国昔日的风光不再。但梁惠王并不甘心，他决心重振旗鼓，东山再起。于是，公元前321年—前320年前后，梁惠王为振兴魏国广纳贤才，"卑词厚币以招贤者"。此时已60岁左右的孟子率领他的学生，以"从者数百人"之势浩浩荡荡来到魏国。孟子在魏国虽受到礼遇，但与梁惠王的交谈并不投机，其主张也一直没有被采纳。梁惠王招贤的目的是希望贤者为魏国的利益出谋划策，重振国威。所以初识之际梁惠王就迫不及待地问："叟不远千里而来，亦将有利于吾国乎？"[①] 而孟子是为推行仁政、宣扬其仁义思想而来，面对梁惠王的殷切提问，他给其泼了一盆凉水："王何必曰利，亦有仁义而已矣。"[②] 接着，他讲了一通"利"的危害。以后的几次交谈也不投机。梁惠王的提问总是围绕着如何富国强兵、报仇雪恨，而孟子一直是用仁政来回答，这在梁惠王看来是远水不解近渴，与魏国的实际处境相距甚远。"梁惠王不果所言，则见以为迂远而阔于事情。"[③] 自然，梁惠王不可能将孟子的仁政理想付诸实现。公元前319年，梁惠王去世，梁襄王即位。孟子见梁襄王是个无所作为的君主，便离开魏国，重返齐国。《孟子·梁惠王章句上》所记录的是孟子在魏国期间与梁惠王、梁襄王等的交谈内容以及离魏返齐后与齐宣王的交谈。

---

① （宋）朱熹：《孟子章句集注》，见宋元人注：《四书五经》（上），中国书店1985年版，第1页。

② （宋）朱熹：《孟子章句集注》，见宋元人注：《四书五经》（上），中国书店1985年版，第1页。

③ 转引自董洪利：《孟子研究》，江苏古籍出版社1997年版，第33页。

二、精要论点

（一）关于义与利的思想

孔子说过：君子喻于义，小人喻于利。《大学》有曰："国不以利为利，以义为利也。"孟子继承并发展了孔子"义"的思想，并将其与"仁"相联，用"仁义"代替"义"。在与梁惠王对话中，他阐明了国家君王应当以仁义为重的思想，从国之兴亡的角度展开对"利"的危害分析。当孟子初见梁惠王，梁惠王就急于想求救国之策，问询他的到来如何能给魏国带来利益。孟子对曰："王，何必曰利？亦有仁义而已矣。"孟子分析道：若是大王问，怎样对我的国家有利？大夫问，怎样对我的家族有利？士子和平民也问，怎样对我们本身有利？那就会导致上下君臣都谋夺私利，国家就会遭到危难。而如果一个国家，大家都讲仁义，那情况就不一样了。从来不存在讲"仁"而遗弃父母者，也不存在讲"义"而怠慢国君者。这样国家就能安定。难道这不是国君所期望的最大的利吗？所以大王讲仁义就够了，为什么还要讲求利益呢？

战国时代各国之间的功利之争，导致了弱肉强食、相互残杀的斗争和战争，"利"与"义"的矛盾更加突出。故孟子不断地警告当时的国君，上下争利，国必不安而导致灭亡；只有行"仁义"才能化解这种矛盾，使国治民安。以"义"制"利"，以"公正"合理的行义之道，大力抑除"贪私"的争利之恶，正是孟子针对时弊的积极主张。

（二）关于仁政的学说

"仁政"也称"王道"，是孟子思想的核心理念，并形成了系统的学说。王道与霸道是孟子眼中两种不同的政治模式，前者即一切制作设施均系为民，而民皆悦而从之；后者则以武力征服人，强使从己。孟子贵王道、贱霸道，提倡仁政治天下。在孟子与齐宣王的对话中可见一斑。当齐宣王问，应具备什么样的道德修养才能统一天下实行王道时，孟子回答：

抚爱百姓而统一天下，没有任何力量可以阻挡。"老吾老，以及人之老；幼吾幼，以及人之幼，天下可运于掌。"施行王道，以仁政治理天下，那么天下就能运筹帷幄在股掌之间。孟子进而劝说："今王发政施仁，使天下仕者皆欲立于王之朝，耕者皆欲耕于王之野，商贾皆欲藏于王之市，行旅者皆欲出于王之涂……其若是，孰能御之？"果真施行仁政，各阶层的人都与王同心同德，还有谁能与之匹敌呢？故仁者无敌。

那么，仁政何以必须行？何以能行？孟子认为，这是由于人皆有不忍人之心，所以有不忍人之政。孟子把仁政的思想基础归于人先天存在的"善端"，即仁义礼智。他因此也成为"性善论"的代表。

（三）关于制民之产、使民以时、保护生产力的理念

与"仁政"相关，孟子十分重视"民本"问题。他认为一个国君要想得到百姓的拥护，就必须让百姓有安定富足的生活。但战国的现实却是群雄争霸，战火频燃，社会动荡不安，人民生活毫无保障。正如《梁惠王上》所言：百姓"仰不足以事父母，俯不足以畜妻子；乐岁终身苦，凶年不免于死亡"。而与之相比，各国的国君却过着"仓廪实，府库充"，"庖有肥肉，厩有肥马"，"狗彘食人食而不知检"的奢靡生活，如此国君想得到民心是不可能的。因此孟子认为统治者必须制民之产、使民以时，让百姓有固定的产业，才能安分守己，否则民心思乱就会危及统治者的江山。

制民之产只是从制度上保障百姓有必要的生产和生活资料。但如果统治者横征暴敛，继续穷兵黩武去扩大战争，人民依旧苦不堪言。为此，孟子提出了"省刑罚、薄税敛"的主张，减轻百姓税赋。同时，他提出使民以时，发展多样化的农业生产，保护生产力的建议。"不违农时，谷不可胜食也；数罟不入洿池，鱼鳖不可胜食也；斧斤以时入山林，材木不可胜用也。谷与鱼鳖不可胜食，材木不可胜用，是使民养生丧死无憾也。养生丧死无憾，王道之始也。"这些理念和建议反映了孟子强烈的民本思想，也是儒家"入世"理想的有力见证。

三、影响与价值

第一,孟子继承和发展了孔子的"义利观",并将义利理论紧密地运用于指导社会现实,这对树立有利于社会发展的价值观有重要意义。《孟子》首篇,开宗明义,提出义利之辨,以示该问题在当时之重要。孟子一生信仰王道,"而王道必以仁义为基础。为人之道在此,为政之道亦在此"①。在义利观中,"利"指的是一己之利益,"义"代表社会大众之利益。对孔孟义利观的阐发,陈立夫先生有过这样的解释:"为己谋则易,故人人欲得,不得则力争;为大众谋则难,故人人忽略,得失未尝关怀。苟人人能尚义为人,则己所应得之利,亦在其中,何劳强求,何劳争夺,故义中实含有利,而利中则未必有义而含有怨也。怨则责人恨人甚而至于夺人,不可不察也。"②孟子深刻地洞察战国时代人与人之间、国与国之间因逐利而造成的诸多社会恶果,因此告诫梁惠王须以仁义治国。尽管孟子思想在战国统治者中未被重视,但它为古代中国留下了一笔宝贵的精神财富,成为先秦儒家义利思想精华的主要代表之一。

第二,孟子的仁政学说是对古代中国政治治理理论的卓越贡献,能够为当代中国国家治理实践提供重要的思想资源。《孟子》通篇,洋溢着丰富系统的"仁政"思想精华,如他提出以道德教育百姓,"善政不如善教之得民也,善政,民畏之,善教,民爱之"③;又如他提出以仁德为标准的尚贤思想,"惟仁者宜在高位。不仁而在高位,是播其恶于众也"④。孟子还谈到"庠序之教",庠序是殷周时对百姓子弟施教的乡间学校。他借用这

---

① 陈立夫:《四书道贯》,中国友谊出版公司 1991 年版,第 218 页。
② 陈立夫:《四书道贯》,中国友谊出版公司 1991 年版,第 221 页。
③ (宋)朱熹:《孟子章句集注》,见宋元人注:《四书五经》(上),中国书店 1985 年版,第 103 页。
④ (宋)朱熹:《孟子章句集注》,见宋元人注:《四书五经》(上),中国书店 1985 年版,第 51 页。

种乡间办学形式，是为了对百姓施以人伦道德教育，使他们"入以事其父兄，出以事其长上"。所有这些，都是孟子仁政学说的运用。尽管该学说也存在一些瑕疵，如主张仁的道德修养是选拔贤才的唯一标准；主张"任人为亲"，不能"卑逾尊、疏逾戚"等。但从总体上看，仁政学说仍有着重要价值。

第三，孟子的民本思想闪烁着民主性的精华，在历史上具有一定的进步意义。在战火纷飞的战国，孟子思想一定程度上反映了人民的愿望和要求。不论是反对战争还是发展生产，都是黎民百姓的强烈呼声，孟子为百姓疾呼呐喊，起到了为百姓代言的作用。他以尖锐的言辞批评统治者的暴虐无道，激烈地抨击残酷的社会现实，提出一系列有利于苍生黎民的建议主张。同时他把前人零散的"民本"思想颗粒，汇聚成较为系统的理论（除"梁惠王上"外，还散见于其他篇章中），甚至提出"民贵君轻"的理论，这是对中国古代民本主义的重大贡献。孟子的民本思想对于当今社会"以人民为中心"、重视民生问题，也是重要的思想资源，具有一定的借鉴意义。

第六篇 《礼运》

第六篇 《礼运》

原 文

　　昔者仲尼与于蜡宾,事毕,出游于观之上,喟然而叹。仲尼之叹,盖叹鲁也。言偃在侧曰:"君子何叹?"孔子曰:"大道之行也,与三代之英,丘未之逮也,而有志焉。大道之行也,天下为公。选贤与能,讲信修睦,故人不独亲其亲,不独子其子,使老有所终,壮有所用,幼有所长,矜寡孤独废疾者皆有所养。男有分,女有归。货,恶其弃于地也,不必藏于己;力,恶其不出于身也,不必为己。是故谋闭而不兴,盗窃乱贼而不作,故外户而不闭,是谓大同。今大道既隐,天下为家,各亲其亲,各子其子,货力为己。大人世及以为礼,城郭沟池以为固,礼义以为纪——以正君臣,以笃父子,以睦兄弟,以和夫妇,以设制度,以立田里,以贤勇知,以功为己。故谋用是作,而兵由此起。禹汤文武成王周公,由此其选也。此六君子者,未有不谨于礼者也。以著其义,以考其信,著有过,刑仁讲过,示民有常。如有不由此者,在势者去,众以为殃。是谓小康。"

　　言偃复问曰:"如此乎,礼之急也?"孔子曰:"夫礼,先王以承天之道,以治人之情。故失之者死,得之者生。《诗》曰:'相鼠有体,人而无礼;人而无礼,胡不遄死!'是故夫礼,必本于天,殽于地,列于鬼神,达于丧祭射御冠昏朝聘。故圣人以礼示之,故天下国家可得而正也。"

　　言偃复问曰:"夫子之极言礼也,可得而闻与?"孔子曰:"我欲观夏道,是故之杞,而不足征也,吾得《夏时》焉;我欲观殷道,是故之宋,而不足征也,吾得《坤乾》焉。《坤乾》之义,《夏时》之等,吾以是观之。

"夫礼之初,始诸饮食,其燔黍捭豚,污尊而抔饮,蒉桴而土鼓,犹若可以致其敬于鬼神。及其死也,升屋而号,告曰:'皋某复!'然后饭腥而苴孰。故天望而地藏也,体魄则降,知气在上。故死者北首,生者南乡,皆从其初。

"昔者先王未有宫室,冬则居营窟,夏则居橧巢;未有火化,食草木之实,鸟兽之肉,饮其血,茹其毛;未有麻丝,衣其羽皮。后圣有作,然后修火之利,范金合土,以为台榭宫室牖户;以炮以燔,以亨以炙,以为醴酪;治其麻丝,以为布帛。以养生送死,以事鬼神上帝,皆从其朔。故玄酒在室,醴醆在户,粢醍在堂,澄酒在下,陈其牺牲,备其鼎俎,列其琴瑟管磬钟鼓,修其祝嘏,以降上神与其先祖,以正君臣,以笃父子,以睦兄弟,以齐上下,夫妇有所。是谓承天之祜。

"作其祝号,玄酒以祭,荐其血毛,腥其俎,孰其殽,与其越席,疏布以幂,衣其浣帛,醴醆以献,荐其燔炙。君与夫人交献,以嘉魂魄,是谓合莫。然后退而合亨,体其犬豕牛羊,实其簠簋笾豆铏羹。祝以孝告,嘏以慈告,是谓大祥。此礼之大成也。"

孔子曰:"於呼哀哉!我观周道,幽厉伤之,吾舍鲁何适矣!鲁之郊禘,非礼也,周公其衰矣!杞之郊也禹也,宋之郊也契也,是天子之事守也。故天子祭天地,诸侯祭社稷。祝嘏莫敢易其常古,是谓大假。祝嘏辞说,藏于宗祝巫史,非礼也,是谓幽国;醆斝及尸君,非礼也,是谓僭君;冕弁兵革藏于私家,非礼也,是谓胁君;大夫具官,祭器不假,声乐皆具,非礼也,是谓乱国。故仕于公曰臣,仕于家曰仆。三年之丧,与新有昏者,期不使。以衰裳入朝,与家仆杂居齐齿,非礼也,是谓君与臣同国。故天子有田以处其子孙,诸侯有国以处其子孙,大夫有采以处其子孙,是谓制度。故天子适诸侯,必舍其祖庙,而不以礼籍入,是谓天子坏法乱纪。诸侯非问疾吊丧而入诸臣之家,是谓君臣为谑。

是故礼者君之大柄也，所以别嫌明微，傧鬼神，考制度，别仁义，所以治政安君也。故政不正，则君位危；君位危，则大臣倍，小臣窃。刑肃而俗敝，则法无常；法无常，而礼无列；礼无列，则士不事也。刑肃而俗敝，则民弗归也。是谓疵国。

故政者，君之所以藏身也。是故夫政必本于天，殽以降命。命降于社之谓殽地，降于祖庙之谓仁义，降于山川之谓兴作，降于五祀之谓制度。此圣人所以藏身之固也。故圣人参于天地，并于鬼神，以治政也。处其所存，礼之序也；玩其所乐，民之治。故天生时而地生财，人其父生而师教之——四者，君以正用之，故君者立于无过之地也。

故君者所明也，非明人者也；君者所养也，非养人者也；君者所事也，非事人者也。故君明人则有过，养人则不足，事人则失位。故百姓则君以自治也，养君以自安也，事君以自显也。故礼达而分定，故人皆爱其死而患其生。故用人之知去其诈，用人之勇去其怒，用人之仁去其贪。故国有患，君死社稷谓之义，大夫死宗庙谓之变。故圣人耐以天下为一家，以中国为一人者，非意之也，必知其情，辟于其义，明于其利，达于其患，然后能为之。

何谓人情？喜怒哀惧爱恶欲，七者弗学而能。何谓人义？父慈，子孝，兄良，弟悌，夫义，妇听，长惠，幼顺，君仁，臣忠，十者谓之人义。讲信修睦，谓之人利；争夺相杀，谓之人患。故圣人所以治人七情，修十义，讲信修睦，尚辞让，去争夺，舍礼何以治之？饮食男女，人之大欲存焉；死亡贫苦，人之大恶存焉。故欲恶者，心之大端也。人藏其心，不可测度也；美恶皆在其心，不见其色也。欲一以穷之，舍礼何以哉？

故人者，其天地之德，阴阳之交，鬼神之会，五行之秀气也。故天秉阳，垂日星；地秉阴，窍于山川。播五行于四时，和而后月生也。是以三五而盈，三五而阙。五行之动，迭相竭也；五行四时十二月，还相为本也；五声六律十二管，还相为宫也；五味六和十二食，还相为质也；五色六章十二衣，还相为质也。故人者，天地之心也，五行之端也，食味别声被色而生者也。

故圣人作则，必以天地为本，以阴阳为端，以四时为柄，以日星为纪，月以为量，鬼神以为徒，五行以为质，礼义以为器，人情以为田，四灵以为畜。以天地为本，故物可举也；以阴阳为端，故情可睹也；以四时为柄，故事可劝也；以日星为纪，故事可列也；月以为量，故功有艺也；鬼神以为徒，故事有守也；五行以为质，故事可复也；礼义以为器，故事行有考也；人情以为田，故人以为奥也；四灵以为畜，故饮食有由也。

何谓四灵？麟凤龟龙，谓之四灵。故龙以为畜，故鱼鲔不淰；凤以为畜，故鸟不獝；麟以为畜，故兽不狨；龟以为畜，故人情不失。故先王秉蓍龟，列祭祀，瘗缯，宣祝嘏辞说，设制度，故国有礼，官有御，事有职，礼有序。

故先王患礼之不达于下也，故祭帝于郊，所以定天位也；祀社于国，所以列地利也。祖庙所以本仁也，山川所以傧鬼神也，五祀所以本事也。故宗祝在庙，三公在朝，三老在学。王前巫而后史，卜筮瞽侑皆在左右，王中心无为也，以守至正。故礼行于郊，而百神受职焉；礼行于社，而百货可极焉；礼行于祖庙，而孝慈服焉；礼行于五祀，而正法则焉。故自郊社祖庙山川五祀，义之修而礼之藏也。

是故夫礼，必本于大一，分而为天地，转而为阴阳，变而为四时，列而为鬼神。其降曰命，其官于天也。夫礼必本于天，动而之地，列而之事，变而从时，协于分艺。其居人也曰养，其行之以货力、辞让、饮食、冠昏、丧祭、射御、朝聘。

故礼义也者，人之大端也，所以讲信修睦而固人之肌肤之会、筋骸之束也，所以养生送死事鬼神之大端也，所以达天道顺人情之大窦也。故唯圣人为知礼之不可以已也，故坏国，丧家，亡人，必先去其礼。故礼之于人也，犹酒之有蘖也，君子以厚，小人以薄。故圣王修义之柄、礼之序，以治人情。故人情者，圣王之田也。修礼以耕之，陈义以种之，讲学以耨之，本仁以聚之，播乐以安之。

故礼也者，义之实也，协诸义而协。则礼虽先王未之有，可以义起也。义者，艺之分，仁之节也。协于艺，讲于仁，得之者强。仁者，义之本也，顺之体也，得之者尊。

故治国不以礼，犹无耜而耕也；为礼不本于义，犹耕而弗种也；为义而不讲之以学，犹种而弗耨也；讲之于学而不合之以仁，犹耨而弗获也；合之以仁而不安之以乐，犹获而弗食也；安之以乐而不达于顺，犹食而弗肥也。

四体既正，肤革充盈，人之肥也；父子笃，兄弟睦，夫妇和，家之肥也；大臣法，小臣廉，官职相序，君臣相正，国之肥也；天子以德为车，以乐为御，诸侯以礼相与，大夫以法相序，士以信相考，百姓以睦相守，天下之肥也。是谓大顺。大顺者，所以养生送死，事鬼神之常也。故事大积焉而不苑，并行而不缪，细行而不失；深而通，茂而有间；连而不相及也，动而不相害也——此顺之至也。故明于顺，然后能守危也。

故礼之不同也，不丰也，不杀也，所以持情而合危也。故圣王所以顺，山者不使居川，不使渚者居中原，而弗敝也。用水火金木，饮食必时。合男女，颁爵位，必当年德。用民必顺。故无水旱昆虫之灾，民无凶饥妖孽之疾。故天不爱其道，地不爱其宝，人不爱其情。故天降膏露，地出醴泉，山出器车，河出马图，观凤凰麒麟皆在郊椒，龟龙在宫沼，其余鸟兽之卵胎，皆可俯而窥也。则是无故，先王能修礼以达义，体信以达顺故。此顺之实也。"

选自《儒学十三经》（中），
北方文艺出版社 1997 年版，第 489—493 页。

精要研读

一、人物与背景

《礼运》是《礼记》中的第九篇。作者不详。旧传可能出于子游门人之所记。近人研究推断,可能是荀子后学所作。还有一说是战国末年或秦汉之际儒家学子以孔子名义,托孔子答问的著作。此篇名曰"礼运",究竟何意?东汉郑玄曾有这样的解释:"明曰《礼运》者,以其记五帝三王相变易及阴阳转旋之道。"[①] 唐代孔颖达的解释是:"论礼之运转之道。"[②] 儒家是高度重视"礼"的问题的。孔子说,克己复礼为仁。孔子的弟子有若也说,礼之用,和为贵。"战国后期有一个强烈地提倡'礼'的思潮,其代表就是儒家后学,他们的著作就是经后人整理编辑过的《周礼》《仪礼》和《礼记》"[③],称为三礼。所谓"礼",在中国远古时期,最早是作为祭祀用的,指人们祭祀时的种种规定和动作,它产生于原始社会。对此《礼运》是这样记述的:"夫礼之初,始诸饮食,其燔黍捭豚,污尊而抔饮,蒉桴而土鼓,犹若可以致其敬于鬼神。"进入阶级社会后,"礼"开始成为统治者手中维护等级贵贱秩序的工具,因而备受重视。夏、商时代的礼已经很发达,到了西周,周公制礼作乐,使"礼"得到极大的发展。"作为典章制度,它对社会生活制度,特别是政治制度发挥着更大的作用,被贯

---

① 朱贻庭:《伦理学大词典》,上海辞书出版社2002年版,第499页。
② 朱贻庭:《伦理学大词典》,上海辞书出版社2002年版,第499页。
③ 陈瑛:《中国伦理思想史》,湖南教育出版社2004年版,第46页。

彻到社会生活的方方面面"①，几乎囊括人生的一切活动。正如《礼运》所言："是故夫礼，必本于天，殽于地，列于鬼神，达于丧祭射御冠昏朝聘。故圣人以礼示之，故天下国家可得而正也"，礼的重要性在此表达得淋漓尽致。

孔子时代，周礼开始衰落。一方面是由于它空洞烦琐，形式化愈演愈烈，使人难以完全遵守；另一方面由于社会阶级的大变动，春秋、战国时期，周礼遇到了空前的挑战。那些落魄的天子、诸侯已经讲不起礼，而那些本无权讲礼的"暴发户"却热衷于僭越，"非分"地讲起礼来。比如鲁国大夫季氏过六十大寿，"八佾舞于庭"，用了六十四人为之祝寿。而按周礼，这个规格只适合于天子。作为大夫，他只能享受四佾的规格。这一现象在当时就属于僭越"礼"，是对"礼"的嘲弄，是礼崩乐坏的表现。但到了荀子时，"礼"又被推上了神圣的地位。荀子和战国时期儒家后学所言之"礼"，从形式上看，是向周礼的回归，但其实它已将"礼"提高到了一个更系统化、理论化和更具权威性的发展阶段。荀子提出以"三本"为核心的关于"礼"的学说，主张"礼有三本：天地者，生之本也；先祖者，类之本也；君师者，治之本也"②。在荀子看来，礼是跨越自然、社会、人生三大领域的规范。它不仅是道德，而且也是法律。这种礼的提倡，反映了当时封建制度的社会关系及地主阶级的利益要求，对此后的中国封建社会影响深远。

《礼运》一篇，其主题思想就是为了论证说明礼治的必要性。它认为，礼义制度、道德规范是社会演进变化的结果，指出社会发展从"大同"而至"小康"，才产生了礼义的纲纪天下。当"天下为公"之时，尚无制度礼义，而"小康"之世，制度礼义应运而生。这种论证实质上是为封建礼

---

① 陈瑛：《中国伦理思想史》，湖南教育出版社 2004 年版，第 46 页。
② 《荀子·礼论》。

教纲常提供理论依据。

二、精要论点

第一，描绘了天下为公、大同社会的理想图景，表达了儒家平天下的最终愿景。开篇伊始，《礼运》就展示了一幅理想社会的美好图景："大道之行也，天下为公。选贤与能，讲信修睦，故人不独亲其亲，不独子其子，使老有所终，壮有所用，幼有所长，矜寡孤独废疾者皆有所养。男有分，女有归。货，恶其弃于地也，不必藏于己；力，恶其不出于身也，不必为己。是故谋闭而不兴，盗窃乱贼而不作，故外户而不闭，是谓大同。"所谓大道，是指王道，其基本精神为一个"公"字。每一个国家都必须去私心、存公道，然后大道能行。具体来说，《礼运》分别从社会的经济、政治、教育、外交等方面展示了这一图景。对国内而言，长国家者不应任人唯亲，而是举贤人能人、唯贤能任选任用。对国与国关系而言，讲信修睦，彼此以诚相见、以礼相待，视人如己，这样就能和睦万邦。在教育方面，应以修道为本，明人伦为先，始于孝慈。老吾老，以及人之老；幼吾幼，以及人之幼，推己及人。在政治方面，应使男女老幼各得其所。人人各遂其生。对无力自养自助的鳏寡孤独废疾者，国家须予以照顾。在经济方面，应使地尽其利、物尽其用、货畅其流，一切资源供人类享用，不必私藏。在安全方面，由于上述教、管、养等的实施，人人知自爱，人人知守分，加之国与国的和睦相处，无论是国内治安还是国家安全，都可以备而不用。当然，各国有着民族历史、文化等的差异，不能期待全同。但只要大家都出于公心、相互爱其所同、敬其所异，就无碍大同的实现。这一美好的图景正是儒家在《礼记·大学》的"三纲领"中所言的"止于至善"。儒家的修齐治平在这里找到了最后的归宿。所谓"平天下"，"平"就是平等、公平、和平。儒家坚信，人类幸福是建立在"平"字上，而唯有道德才有此力量，靠任何武力或金钱均不能达此目的。

第二，论述了"礼"的起源、演变及其对于治国安邦的重要性。《礼运》回顾了原始社会的茹毛饮血时代，先王未有宫室，冬则居营窟，夏则居橧巢；未有火化，食草木之实，鸟兽之肉，饮其血，茹其毛；未有麻丝，衣其羽皮。后来生产力逐步发展了，人们开始学会熟食、织麻，以养生送死，"礼"的雏形就出现了。"礼"最初是用以祭祀鬼神和祖先的。出现私有制以后，为了将私有财产传给子孙，统治者就以"礼"的名义加以制度上的规定。"故天子有田以处其子孙，诸侯有国以处其子孙，大夫有采以处其子孙，是谓制度。"而当"礼"成为制度时，它就成了治理国家的有效工具。"圣人所以治人七情，修十义，讲信修睦，尚辞让，去争夺，舍礼何以治之？"那么，什么是"七情"和"十义"呢？前者指喜怒哀惧爱恶欲；后者指父慈，子孝，兄良，弟悌，夫义，妇听，长惠，幼顺，君仁，臣忠。"礼"不仅治政，而且也将伦理道德带入其中。《礼运》认为，人心的美恶是深藏于内，非外表可测度，所以要用礼来教育规范人。总之，"礼"出现后，统治阶级视其为治国安邦的至宝。其重要意义不言而喻。

第三，阐明了"礼"与其他道德规范及社会职能的关系。《礼运》在阐述了礼的重要性后，也指出了礼与义、礼与教、礼与仁、礼与乐之间的关系。"礼之序，以治人情。"《礼运》将此比作圣人之田：修礼以耕之，陈义以种之，讲学以耨之，本仁以聚之，播乐以安之。故治国不以礼，犹无耜而耕也；为礼不本于义，犹耕而弗种也；为义而不讲之以学，犹种而弗耨也；讲之于学而不合之以仁，犹耨而弗获也；合之以仁而不安之以乐，犹获而弗食也；安之以乐而不达于顺，犹食而弗肥也。可见，"礼"与它们的关系是内在的，也是首要的。在农耕社会，这些比喻十分生动贴切接地气。此篇的结尾，作者整理了天下大顺的逻辑链条：四体既正，肤革充盈，人之肥也；父子笃，兄弟睦，夫妇和，家之肥也；大臣法，小臣廉，官职相序，君臣相正，国之肥也；天子以德为车，以乐为御，诸侯以礼相与，大夫以法相序，士以信相考，百姓以睦相守，天下之肥也。是谓大顺。作者认为，以"礼"治天下，各个社会等级安守其本分，这就是现实中的理想模式。

三、影响与价值

第一，《礼运》所描绘的天下为公、大同社会的理想，影响深远、妇孺皆知，它激励着古往今来的中国有识之士前赴后继、奋斗进取，从洪秀全的农民起义到资产阶级旧民主主义革命，再到中国共产党人的无产阶级革命，虽然阶级的立场不同、革命的性质不同、所依据的理论也不同。但是《礼运》所描绘的理想社会图景已经成为一种精神标志，融化在中国人的血液中，成为中华民族砥砺前行的精神动力，也将激励更多的中国人为此不懈奋斗。中国共产党的初心和使命是要为中国人民谋幸福，为中华民族谋复兴。当今，新时代中国特色社会主义为我们实现中华民族伟大复兴的中国梦指明了方向。今天的中国将比以往任何时候都更接近"天下为公"的理想目标。

第二，《礼运》关于国家之间讲信修睦、互相尊重、求同存异的观点，能够为当今中国在继续对外开放中构建人类命运共同体提供重要的思想资源。党的十八大以来，以习近平同志为核心的党中央在对外开放中主张共同推进构建人类命运共同体伟大进程，坚持对话协商、共建共享、合作共赢、交流互鉴、绿色低碳，建设一个持久和平、普遍安全、共同繁荣、开放包容、清洁美丽的世界。不同国家、不同民族都有着自己的文化特色，它们都是人类文明的一部分，都需要得到尊重。构建人类命运共同体需要秉持"各美其美，美人之美，美美与共，天下大同"的原则。老祖宗已经为我们指明了一条智慧之道。

第三，《礼运》关于"礼"的起源、演变及其功能的阐述，展示出一幅古代道德生活的图景，这对后人了解和研究中国古代道德生活史提供了重要参考。"礼"虽萌生于原始社会的祭祀活动，但礼制却是人类进入文明社会后的产物，它是随着阶级的出现应运而生，是统治阶级用以维护其自身利益，谋求江山永固的主要手段。《礼运》的问世，反映了作者为统治阶级的礼制合法性辩护的初衷，其根本目的是为了维护封建秩序。但它客观上也反映了中华民族从野蛮到文明的历史进程，具有重要的历史研究价值。

第七篇 《乐记》(节选)

原　文

凡音之起，由人心生也。人心之动，物使之然也。感于物而动，故形于声。声相应，故生变；变成方，谓之音。比音而乐之，及干戚羽旄，谓之乐。

乐者，音之所由生也，其本在人心之感于物也。是故其哀心感者，其声噍以杀；其乐心感者，其声啴以缓。其喜心感者，其声发以散；其怒心感者，其声粗以厉；其敬心感者，其声直以廉；其爱心感者，其声和以柔。六者，非性也，感于物而后动。是故先王慎所以感之者。故礼以道其志，乐以和其声，政以一其行，刑以防其奸。礼乐刑政，其极一也，所以同民心而出治道也。

凡音者，生人心者也。情动于中，故形于声。声成文，谓之音。是故治世之音安以乐，其政和；乱世之音怨以怒，其政乖；亡国之音哀以思，其民困。声音之道，与政通矣。宫为君，商为臣，角为民，徵为事，羽为物。五者不乱，则无怗懘之音矣。宫乱则荒，其君骄；商乱则陂，其官坏；角乱则忧，其民怨；徵乱则哀，其事勤。羽乱则危，其财匮。五者皆乱，迭相陵，谓之慢。如此，则国之灭亡无日矣。郑卫之音，乱世之音也，比于慢矣；桑间濮上之音，亡国之音也，其政散，其民流，诬上行私而不可止也。

凡音者，生于人心者也；乐者，通伦理者也。是故知声而不知音者，禽兽是也；知音而不知乐者，众庶是也。唯君子为能知乐。是故审声以知音，审音以知乐，审乐以知政，而治道备矣。是故不知声者不可与言音，不知音者不可与言乐。知乐，则几于礼矣。礼乐皆得，谓之有德。德者得也。

　　是故，乐之隆，非极音也；食飨之礼，非致味也。《清庙》之瑟，朱弦而疏越，一倡而三叹，有遗音者矣；大飨之礼，尚玄酒而俎腥鱼，大羹不和，有遗味者矣。是故先王之制礼乐也，非以极口腹耳目之欲也，将以教民平好恶而反人道之正也。

　　人生而静，天之性也；感于物而动，性之欲也。物至知知，然后好恶形焉。好恶无节于内，知诱于外，不能反躬，天理灭矣。夫物之感人无穷，而人之好恶无节，则是物至而人化物也。人化物也者，灭天理而穷人欲者也。于是有悖逆诈伪之心，有淫泆作乱之事。是故强者胁弱，众者暴寡，知者诈愚，勇者苦怯，疾病不养，老幼孤独不得其所，此大乱之道也。

　　是故先王之制礼乐，人为之节，衰麻哭泣，所以节丧纪也；钟鼓干戚，所以和安乐也；昏姻冠笄，所以别男女也；射乡食飨，所以正交接也。礼节民心，乐和民声，政以行之，刑以防之，礼乐刑政，四达而不悖，则王道备矣。

　　乐者为同，礼者为异。同则相亲，异则相敬，乐胜则流，礼胜则离。合情饰貌者，礼乐之事也。礼义立，则贵贱等矣；乐文同，则上下和矣；好恶著，则贤不肖别矣。刑禁暴，爵举贤，则政均矣。仁以爱之，义以正之，如此，则民治行矣。乐由中出，礼自外作。乐由中出故静，礼自外作故文。大乐必易，大礼必简。乐至则无怨，礼至则不争。揖让而治天下者，礼乐之谓也。暴民不作，诸侯宾服，兵革不试，五刑不用，百姓无患，天子不怒。如此，则乐达矣。合父子之亲，明长幼之序，以敬四海之内，天子如此。则礼行矣。

第七篇 《乐记》（节选）

大乐与天地同和，大礼与天地同节。和故百物不失，节故祀天祭地；明则有礼乐，幽则有鬼神。如此，则四海之内，合敬同爱矣。礼者殊事合敬者也，乐者异文合爱者也。礼乐之情同，故明王以相沿也。故事与时并，名与功偕。故钟鼓管磬，羽籥干戚，乐之器也；屈伸俯仰，缀兆舒疾，乐之文也。簠簋俎豆，制度文章，礼之器也；升降上下，周还裼袭，礼之文也。故知礼乐之情者能作，识礼乐之文者能述。作者之谓圣，述者之谓明；明圣者，述作之谓也。乐者，天地之和也；礼者，天地之序也。和故百物皆化，序故群物皆别。乐由天作，礼以地制。过制则乱，过作则暴。明于天地，然后能兴礼乐也。

论伦无患，乐之情也；欣喜欢爱，乐之官也。中正无邪，礼之质也；庄敬恭顺，礼之制也。若夫礼乐之施于金石，越于声音，用于宗庙社稷，事乎山川鬼神，则此所与民同也。

王者功成作乐，治定制礼。其功大者其乐备，其治辩者其礼具。干戚之舞非备乐也，孰亨而祀非达礼也。五帝殊时，不相沿乐；三王异世，不相袭礼。乐极则忧，礼粗则偏矣。及夫敦乐而无忧，礼备而不偏者，其唯大圣乎？

天高地下，万物散殊，而礼制行矣。流而不息，合同而化，而乐兴焉。春作夏长，仁也；秋敛冬藏，义也。仁近于乐，义近于礼。乐者敦和，率神而从天；礼者别宜，居鬼而从地。故圣人作乐以应天，制礼以配地。礼乐明备，天地官矣。

天尊地卑，君臣定矣。卑高已陈，贵贱位矣。动静有常，小大殊矣。方以类聚，物以群分，则性命不同矣。在天成象，在地成形；如此，则礼者天地之别也。地气上齐，天气下降，阴阳相摩，天地相荡，鼓之以雷霆，奋之以风雨，动之以四时，暖之以日月，而百化兴焉。如此，则乐者天地之和也。

化不时则不生，男女无辨则乱升，天地之情也。及夫礼乐之极乎天而蟠乎地，行乎阴阳而通乎鬼神；穷高极远而测深厚。乐著大始，而礼居成物。著不息者天也，著不动者地也。一动一静者天地之间也。故圣人曰礼乐云。

昔者，舜作五弦之琴以歌南风，夔始制乐以赏诸侯。故天子之为乐也，以赏诸侯之有德者也。德盛而教尊，五谷时熟，然后赏之以乐。故其治民劳者，其舞行缀远；其治民逸者，其舞行缀短。故观其舞，知其德；闻其谥，知其行也。《大章》，章之也；《咸池》，备矣；《韶》，继也；《夏》，大也。殷周之乐，尽矣。

天地之道，寒暑不时则疾，风雨不节则饥。教者，民之寒暑也；教不时则伤世。事者，民之风雨也；事不节则无功。然则先王之为乐也。以法治也，善则行象德矣。夫豢豕为酒，非以为祸也，而狱讼益繁，则酒之流生祸也。是故先王因为酒礼，一献之礼，宾主百拜，终日饮酒而不得醉焉，此先王之所以备酒祸也。故酒食者所以合欢也，乐者所以象德也，礼者所以缀淫也。是故先王有大事，必有礼以哀之；有大福，必有礼以乐之。哀乐之分，皆以礼终。乐也者，圣人之所乐也，而可以善民心，其感人深，其移风易俗，故先王著其教焉。

夫民有血气心知之性，而无哀乐喜怒之常，应感起物而动，然后心术形焉。是故志微噍杀之音作，而民思忧；啴谐慢易、繁文简节之音作，而民康乐；粗厉猛起、奋末广贲之音作，而民刚毅；廉直劲正庄诚之音作，而民肃敬；宽裕肉好顺成和动之音作，而民慈爱；流辟邪散狄成涤滥之音作，而民淫乱。

是故，先王本之情性，稽之度数，制之礼义。合生气之和，道五常之行，使之阳而不散，阴而不密，刚气不怒，柔气不慑，四畅交于中而发作于外，皆安其位而不相夺也；然后立之学等，广其节奏，省其文采，以绳德厚；律小大之称，比终始之序，以象事行。使亲疏贵贱长幼男女之理，皆形见于乐。故曰：乐观其深矣。

土敝则草木不长，水烦则鱼鳖不大，气衰则生物不遂，世乱则礼慝而乐淫。是故其声哀而不庄，乐而不安，慢易以犯节，流湎以忘本，广则容奸，狭则思欲，感条畅之气而灭平和之德。是以君子贱之也。

凡奸声感人，而逆气应之；逆气成象，而淫乐兴焉；正声感人，而顺气应之，顺气成象，而和乐兴焉。倡和有应，回邪曲直各归其分；而万物之理各以其类相动也。是故君子反情以和其志，比类以成其行。奸声乱色不留聪明；淫乐慝礼不接心术。惰慢邪辟之气不设于身体。使耳目鼻口心知百体，皆由顺正以行其义。

然后发以声音，而文以琴瑟，动以干戚，饰以羽旄，从以箫管。奋至德之光，动四气之和，以著万物之理。是故清明象天，广大象地，终始象四时，周还象风雨。五色成文而不乱，八风从律而不奸，百度得数而有常；大小相成，终始相生，倡和清浊，迭相为经。故乐行而伦清，耳目聪明，血气和平，移风易俗，天下皆宁。

故曰：乐者乐也。君子乐得其道，小人乐得其欲。以道制欲，则乐而不乱；以欲忘道，则惑而不乐。是故君子反情以和其志，广乐以成其教。乐行，而民乡方，可以观德矣。德者，性之端也；乐者，德之华也；金石丝竹，乐之器也。诗言其志也，歌咏其声也，舞动其容也。三者本于心，然后乐气从之。是故情深而文明，气盛而化神，和顺积中而英华发外，唯乐不可以为伪。

乐者，心之动也；声者，乐之象也；文采节奏，声之饰也。君子动其本，乐其象，然后治其饰。是故先鼓以警戒，三步以见方，再始以著往，复乱以饬归。奋疾而不拔，极幽而不隐。独乐其志，不厌其道；备举其道，不私其欲。是故情见而义立，乐终而德尊；君子以好善，小人以听过。故曰：生民之道，乐为大焉。

乐也者，施也；礼也者，报也。乐乐其所自生，而礼反其所自始。乐章德，礼报情反始也。

所谓大辂者，天子之车也；龙旗九旒，天子之旌也；青黑缘者，天子之宝龟也。从之以牛羊之群，则所以赠诸侯也。

乐也者，情之不可变者也；礼也者，理之不可易者也。乐统同，礼辨异。礼乐之说，管乎人情矣。穷本知变，乐之情也；著诚去伪，礼之经也。礼乐负天地之情，达神明之德，降兴上下之神，而凝是精粗之体，领父子君臣之节。是故大人举礼乐，则天地将为昭焉。天地䜣合，阴阳相得，煦妪覆育万物，然后草木茂，区萌达，羽翼奋，角觡生，蛰虫昭苏，羽者妪伏，毛者孕鬻，胎生者不殰，而卵生者不殈，则乐之道归焉耳。

乐者，非谓黄钟大吕弦歌干扬也，乐之末节也，故童者舞之。铺筵席，陈尊俎，列笾豆，以升降为礼者，礼之末节也，故有司掌之。乐师辨乎声诗，故北面而弦；宗祝辨乎宗庙之礼，故后尸；商祝辨乎丧礼，故后主人。是故德成而上，艺成而下；行成而先，事成而后。是故先王有上有下，有先有后，然后可以有制于天下也。

…………

君子曰：礼乐不可斯须去身。致乐以治心，则易直子谅之心油然生矣；易直子谅之心生则乐，乐则安，安则久，久则天，天则神。天则不言而信，神则不怒而威，致乐以治心者也。致礼以治躬则庄敬，庄敬则严威。心中斯须不和不乐，而鄙诈之心入之矣。外貌斯须不庄不敬，而易慢之心入之矣。故乐也者，动于内者也；礼也者，动于外者也。乐极和，礼极顺。内和而外顺，则民瞻其颜色而弗与争也，望其容貌而民不生易慢焉。故德辉动于内，而民莫不承听；理发诸外，而民莫不承顺。故曰：致礼乐之道，举而错之天下，无难矣。乐也者，动于内者也；礼也者，动于外者也。故礼主其减，乐主其盈。礼减而进，以进为文；乐盈而反，以反为文。礼减而不进则销，乐盈而不反则放。故礼有报而乐有反。礼得其报则乐，乐得其反则安；礼之报，乐之反，其义一也。

夫乐者乐也，人情之所不能免也。乐必发于声音，形于动静，人之道也。声音动静，性术之变，尽于此矣。故人不耐无乐，乐不耐无形，形而不为道不耐无乱。先王耻其乱，故制《雅颂》之声以道之，使其声足乐而不流，使其文足论而不息，使其曲直繁瘠廉肉节奏足以感动人之善心而已矣。不使放心邪气得接焉，是先王立乐之方也。是故乐在宗庙之中，君臣上下同听之，则莫不和敬；在族长乡里之中，长幼同听之，则莫不和顺；在闺门之内，父子兄弟同听之，则莫不和亲。故乐者，审一以定和，比物以饰节，节奏合以成文。所以合和父子君臣，附亲万民也，是先王立乐之方也。故听其《雅颂》之声，志意得广焉；执其干戚，习其俯仰诎伸，容貌得庄焉；行其缀兆，要其节奏，行列得正焉，进退得齐焉。故乐者，天地之命，中和之纪，人情之所不能免也。

夫乐者，先王之所以饰喜也；军旅斧钺者，先王之所以饰怒也。故先王之喜怒，皆得其侪焉。喜则天下和之，怒则暴乱者畏之。先王之道，礼乐可谓盛矣。

子赣见师乙而问焉，曰："赐闻声歌各有宜也，如赐者，宜何歌也？"师乙曰："乙贱工也，何足以问所宜？请诵其所闻，而吾子自执焉。爱者宜歌《商》，温良而能断者宜歌《齐》。夫歌者，直己而陈德也。动己而天地应焉，四时和焉，星辰理焉，万物育焉。故《商》者，五帝之遗声也。宽而静、柔而正者宜歌《颂》，广大而静、疏远而信者宜歌《大雅》，恭俭而好礼者宜歌《小雅》，正直而静、廉而谦者宜歌《风》。肆直而慈爱，商之遗声也，商人识之，故谓之《商》；《齐》者，三代之遗声也，齐人识之，故谓之《齐》。明乎《商》之音者，临事而屡断；明乎《齐》之音者，见利而让。临事而屡断，勇也；见利而让，义也。有勇有义，非歌孰能保此？故歌者，上如抗，下如队，曲如折，止如槁木，倨中矩，句中钩，累累乎端如贯珠。故歌之为言也，长言之也。说之，故言之；言之不足，故长言之；长言之不足，故嗟叹之；嗟叹之不足，故不知手之舞之、足之蹈之也。"子贡问乐。

选自《儒学十三经》(中),
北方文艺出版社 1997 年版,第 529—542 页。

精要研读

一、人物与背景

《乐记》是《礼记》中的第十九篇,相传为公孙尼子所作,另一说是西汉初期河间献王刘德与毛生等作。而据近人研究,《乐记》并非一人一时之作,而是西汉初年的若干儒者搜集、整理先秦儒者有关音乐的谈论后编撰而成的。"《乐记》在西汉有多种版本,一为成帝时谒者王禹所献之二十四卷《乐记》,一为刘向校中密藏书时所见之二十三篇《乐记》,惜两者均不传。"[①] 今本《乐记》,为戴德编纂《礼记》时所收。其内容被汉代司马迁的《史记·乐书》所直接采用。而《乐记》又与荀子(荀卿)的《乐论》一脉相承,前者的思想渊源来自后者,二者均为研究儒家美学伦理思想的重要文献。

荀子(约前313—前238年),战国末期的思想家、教育家。《乐论》是其众多著作中的一篇,它的问世主要是针对墨家的"非乐"思想而提出的。《乐论》较为系统地阐述了音乐的产生、立乐的标准、音乐的社会职能以及它与"礼"的关系等。荀子主张,音乐是人的内在思想感情"发于声音、形于动静"的结果;主张礼与乐是相辅相成的,肯定音乐对于人修养身心的伦理价值。认为音乐既能统一人们的行动,也能和谐人与人的关系,还能起到移风易俗的社会作用。《乐论》的主要观点为《乐记》的作者所吸纳。在此基础上,《乐记》着重从伦理的角度阐明了音乐对治国、

[①] 朱贻庭主编:《伦理学大辞典》,上海辞书出版社2002年版,第496页。

化民、修身的重要意义，阐明了乐与礼之间的关系。

那么，在古代中国，"乐"是指什么？它包含哪些内容？对此郭沫若先生曾有过一番解释："中国旧时的所谓'乐'，它的内容包含得很广。音乐、诗歌、舞蹈本是三位一体可不用说，绘画、雕镂、建筑等造型美术也是被包含着。甚至于连仪仗、田猎、肴馔等都可以涵盖。所谓'乐者，乐也'，凡是使人快乐，使人的感官可以得到享受的东西，都可以广泛地称之为乐。"① 如此看来，"乐"乃是中国古代艺术之总称。但从先秦至汉初，儒家所指的"乐"，主要还是音乐、诗歌、舞蹈这三位一体。"情动于中，故形于声。声成文，谓之音。"据历史记载，秦朝设立过音乐机构"乐府"，汉承秦制，朝廷也有"乐府"，"在汉武帝时，乃立乐府，采诗夜诵"②。"乐府的乐歌大致可分为'鼓吹曲'和'相和歌'两大类"③，前者用于郊庙祭祀、军队、仪仗等，后者源出于各地流行的民歌，往往采用一人领唱、众人帮腔的互相唱和的形式。至于舞蹈，西周时舞蹈就成为礼仪的一部分，用以宣扬德威，维护尊卑贵贱的等级制度。不同的舞用在不同场合，如祈雨、祭山川、祀四方，都不得混用。舞者的人数按不同社会等级也有严格的规定。舞蹈在先秦统治者垄断的礼乐文化中具有特殊的地位。

《论语》有言："兴于诗，立于礼，成于乐。"④ 荀子说过："雅颂之声入乎耳，著于心，布乎四体，形乎动静。"⑤ 儒家精神立基于礼乐。作为与"礼"并称的"乐"，是用以修身、治性成性的。儒家重视"乐教"，将其视为礼教的补充。"乐"能直接感染熏陶塑造人的情性心灵。在儒家看来，君子的修身如果不学习礼乐，就无法成为一个完全的人。

---

① 《沫若文集》，见黄坤明主编：《领导干部国学读本》，浙江古籍出版社 2010 年版，第 387 页。
② 谭家健主编：《中国文化史概要》（增订版），高等教育出版社 1997 年版，第 481 页。
③ 谭家健主编：《中国文化史概要》（增订版），高等教育出版社 1997 年版，第 481 页。
④ 《论语·泰伯》。
⑤ 《荀子·劝学》。

二、精要论点

(一)"乐"能治国辅政、移风易俗,利于化民安邦

《乐记》篇首,就先阐释音乐的词义及来源。凡音之起,由人心生也。人心之动,物使之然也。感于物而动,故形于声。声相应,故生变;变成方,谓之音。比音而乐之,及干戚羽旄,谓之乐。既然音乐是人心感物而生,那么不同的事物对于人心有不同感受,譬如悲哀之事与喜悦之事;愤怒之事与温馨之事,人心感受就大相径庭,这就使得音乐之声有的柔、有的粗、有的刚、有的缓。音乐是人们对社会事物的反映,因而它与社会治乱、政治有着紧密的联系。"是故治世之音安以乐,其政和;乱世之音怨以怒,其政乖;亡国之音哀以思,其民困。声音之道,与政通矣。""凡奸声感人,而逆气应之;逆气成象,而淫乐兴焉;正声感人,而顺气应之,顺气成象,而和乐兴焉。"由此看来,不论是盛世还是乱世,音乐与政治都存在着密切的联系。人们既可以通过音乐来表达对社会和政事的态度;同样也可以通过音乐来影响和教育人民,使之达到治理的要求。因此,儒家十分重视"乐"在化民安邦中的作用。

首先,"乐"能治国辅政。儒家认为,先王之治的经验在于"礼乐刑政,四达而不悖,则王道备矣"。礼节民心,乐和民声,政以行之,刑以防之,这四样东西在治理国家中各有所用、缺一不可。先王之治之所以被后人所称道,就是因为很好地处理了四者的关系,"同民心而出治道也"。

其次,"乐"能移风易俗。孔子曾说:"诗可以兴,可以观,可以群,可以怨"[1]。在此,"兴"指诗歌的感染、激励作用;"观"指观察社会政治的好坏;"群"指教育百姓、团结百姓的作用;"怨"指对于现实的揭露、批判作用。西汉董仲舒也认为:"乐者,所以变民风,化民俗也。"[2]《乐记》

---

[1] 《论语·阳货》。
[2] 《汉书·董仲舒传》。

明确指出:"乐也者,圣人之所乐也,而可以善民心,其感人深,其移风易俗,故先王著其教焉。"中国古代,大多学者都肯定"乐"在经夫妇、成孝敬、厚人伦、美教化、移风俗中的作用。

(二)"乐"能平衡身心、修身养性,培养健全人格

人的生活离不开音乐。荀子曾在《乐论》中反对墨子"非乐"观点时提出:"夫乐者,乐也,人情之所必不免也。"因为它能满足人们的感情需要。《乐记》直接秉承了荀子的思想,主张"乐者,通伦理也"。"故乐者,天地之命,中和之纪,人情之所不能免也。"那么,"乐"满足人的感情需要将会产生什么样的功效呢?儒家认为它能平衡身心、修身养性,塑造和培养健全人格。有道是"致乐以治心",因为"乐也者,动于内者也"。正因为如此,先王立乐之方,制《雅颂》之声以道之,使其声足乐而不流,使其文足论而不息,使其曲直繁瘠廉肉节奏足以感动人之善心而已矣。不使放心邪气得接焉。正能量的"乐"对于感动人之善心并激发人们向善的力量是很有帮助的。这一过程就是人们修身养性的过程。

孔子曾经讲到美与善的统一:"《韶》尽美矣,又尽善矣。"① 美是属于艺术范畴,善是属于道德范畴。但美与善在某种意义上同义,两字都含有"羊",在古典中这两字也常常可以互通互涵。乐之所以成其为乐,因为人感到它具有某种意义的美。善的事物同样给人舒畅和美的体验。真善美是逻辑的统一的。《乐记》有言:"是故乐在宗庙之中,君臣上下同听之,则莫不合敬;在族长乡里之中,长幼同听之,则莫不和顺;在闺门之内,父子兄弟同听之,则莫不和亲。"这就是乐的美给予人善的力量。美的乐不仅平衡个体身心,而且和谐人际关系,使人们在乐的熏陶中提升道德人格。

---

① 《论语·八佾》。

(三)礼者天地之序、乐者天地之和，礼乐相辅相成

儒家主张礼乐治天下。那么"礼"与"乐"之间的关系又是如何呢？《乐记》对此作了大量较为详尽的阐述。首先，二者的性质与功能有别。"乐者为同，礼者为异。同则相亲，异则相敬"；"乐者，天地之和也；礼者，天地之序也"；"乐至则无怨，礼至则不争"；"王者功成作乐，治定制礼。其功大者其乐备，其治辩者其礼具"。这就是说，"礼"是为了严明贵贱尊卑长幼之等级秩序。例如，孔子所赞赏的"周礼"就是关于不同社会等级应当遵循的规范，以防"犯上作乱"。而"乐"则是平衡个人身心内外，融洽上下左右的人与人关系，使得人神清气爽，使得社会和谐共荣。其次，二者相辅相成、密不可分。陈立夫先生曾经以平实而生动的语言谈及对儒家礼乐的理解："礼属于理智及行动方面之调节，其表现为严肃而有序，有似严父之态度。乐属于情感及思想方面之调和，其表现为慈祥而和谐，有似慈母之态度。合二者而教育之，则可使子女理智坚强而情感雍和。以之教育众人，则可使国人动作有序而情绪融洽。故曰：'礼以节众，乐以和众'。二者相因相成，如车之有二轮，缺其一则不能行矣。"① 可见，"礼"与"乐"均为儒家治理方略所必需。儒家倡导礼乐之目的，在于使人有节而得中。古代教育中的"六艺"，即礼乐射御书数，前二者便是礼乐，它们均属于德育的范畴。"礼乐皆得，谓之有德，德者得也。"一旦国家不兴，以暴乱世，就被称为"礼崩乐坏"。

三、影响与价值

第一，《乐记》关于"乐"的移风易俗、化民安邦的社会功能，对于当代重视文化的社会作用、增强文化自信有重要的启迪意义。中国自古以来强调"以文化人、文以载道"。作为社会上层建筑的文化来源于社会生

---

① 陈立夫：《四书道贯》，中国友谊出版公司1991年版，第109—110页。

活,但反过来对社会生活起着巨大的反作用。其中先进的文化能够有力地助推社会发展,而落后腐朽的文化则会成为社会发展的阻力。因而,必须用先进文化占领意识形态阵地。党的十八大以来,以习近平同志为核心的党中央高度重视文艺的创作导向,认为"文运同国运相牵,文脉同国脉相连"①,文艺最能代表一个时代的风貌,最能引领一个时代的风气。在文艺领域必须坚持社会主义核心价值观的主流导向,创作更多的优秀文艺作品满足人们的精神文化需要。当前,在互联网已成为青少年群体基本的生活方式的情况下,我们尤其要重视先进文化在网络传播中的主导作用,高扬主旋律,通过多样化的文艺形式教化人民,抵制低俗、庸俗、媚俗。

第二,《乐记》关于礼乐相辅相成的观点是中国古代德育的辩证思维,它对于当今思想道德教育的情理交融具有方法论上的借鉴意义。在剥离了古代"礼""乐"思想中封建等级制的糟粕后,我们汲取的是其中闪耀的德育智慧之光。思想道德教育的过程,是主体与客体的互动过程。主体对于客体既需要以理服人,又需要以情感人。若只有前者而没有后者,"理"就失去亲和力,令人敬而远之;若只有后者而没有前者,"情"就失去原则和真理的力量,难以服人。礼乐相辅相成,强调对立面的相互依存和转化,思想道德教育也应当喻情于理、喻理于情,既有理的严肃性、说理性;又有情的真挚性、感染力。如此,才能收到事半功倍的成效。当前,在培育和践行社会主义核心价值观中,我们一定要接地气,用百姓听得懂的语言和喜闻乐见的方式来传递主流话语,真正使社会主义核心价值观入耳入脑入心。

第三,《乐记》关于"乐"具有修身养性、塑造健全人格的功效的观点,启示我们对新时代的人才培养,应当注重德智体美劳全面发展;对健全人格的塑造,应当坚持真善美的统一。在儒家眼中,"乐"由于它的

---

① 《习近平新时代中国特色社会主义思想三十讲》,学习出版社2018年版,第203页。

化民安邦功能，属于大德育范畴。而今，随着社会发展分工的细化，"乐"被列入美育范畴。无论是对美的欣赏还是对美的创造，或是对人们美的心灵塑造，都能增进人的修身养性功夫，从而为健全和完善人格奠定良好的基础。而美的本质在于真和善，真善美的内在统一性是不言而喻的。当前，在我国现行教育中，存在着重智育轻他育的短视倾向，急功近利的教育行为导致部分青少年人格的不完整甚至缺失，必须在"德智体美劳全面发展"的呼声中加以切实的纠偏。就目前而言，学校美育仍存在较大的短板，必须着力解决、予以补齐。

第八篇　严复《原强》(节选)

第八篇　严复《原强》（节选）

原　文

　　夫如是，则中国今日之所宜为，大可见矣。夫所谓富强云者，质而言之，不外利民云尔。然政欲利民，必自民各能自利始；民各能自利，又必自皆得自由始；欲听其皆得自由，尤必自其各能自治始；反是且乱。顾彼民之能自治而自由者，皆其力、其智、其德诚优者也。是以今日要政，统于三端：一曰鼓民力，二曰开民智，三曰新民德。夫为一弱于群强之间，政之所施，固常有标本缓急之可论。唯是使三者诚进，则其治标而标立；三者不进，则其标虽治，终亦无功；此舍本言标者之所以为无当也。虽然，其事至难言矣。夫中国今日之民，其力、智、德三者，苟通而言之，则经数千年之层递积累，本之乎山川风土之攸殊，导之乎刑政教俗之屡变，陶钧炉锤而成此最后之一境。今日欲以旦暮之为，谓有能淘洗改革，求以合于当前之世变，以自存于劻勷烦扰之中，此其胜负通室之数，殆可不待再计而知矣。然而自微积之理而观之，则曲之为变，固有疾徐；自力学之理而明之，则物动有由，皆资外力。今者外力逼迫，为我权借，变率至疾，方在此时。智者慎守力权，勿任旁守，则天下事正于此乎而大可为也。即彼西洋之克有今日者，其变动之速，远之亦不过二百年，近之亦不过五十年巳耳，则我何为而不奋发也耶！

　　然则鼓民力奈何？今者论一国富强之效，而以其民之手足体力为之基，此自功名之士观之，似为甚迂而无当。顾此非不佞一人之私言也，西洋言治之家，莫不以此为最急。历考中西史传所垂，以至今世五洲五六十国之间，贫富弱强之异，莫不于此焉肇分。周之希腊，汉之罗马，唐之突厥，晚近之峨特一种，莫不以壮佼长大，耐苦善战，称雄一时。而中土畴昔分争之代，亦皆以得三河六郡为取天下先资。顾今人或谓自火器盛行，懦夫执靶，其效如壮士惟均，此真无所识知之论也。不知古今器用虽异，而有待于骁猛坚毅之气则同。且自脑学大明，莫不知形神相资，志气相动，有最胜之精神而后有最胜之智略。是以君子小人劳心劳力之事，均非气体强健者不为功。此其理吾古人知之，故庠序校塾，不忘武事，壶勺之仪，射御之教，凡所以练民筋骸，鼓民血气者也。而孔孟二子皆有魁杰之姿。彼古之希腊、罗马人亦知之，故其阿克德美（柏拉图所创学塾）之中，莫不有津蒙那知安（此言练身院）属焉，而柏拉图乃以骈胁著号。至于近世，则欧罗巴〔巴〕国，尤鳃鳃然以人种日下为忧，操练形骸，不遗余力。饮食养生之事，医学所详，日以精审，此其事不仅施之男子已也，乃至妇女亦莫不然。盖母健而后儿肥，培其先天而种乃进也。去岁日本行之，《申报》论其练及妇女，不知所云。嗟夫，此真非以裹脚为美之智之所与也！

故中国礼俗，其贻害民力而坐令其种日偷者，由法制学问之大，以至于饮食居处之微，几于指不胜指。而沿习至深，害效最著者，莫若吸食鸦片、女子缠足二事，此中国朝野诸公所谓至难变者也。然而夷考其实，则其说有不尽然者。今即鸦片一端而论，则官兵士子，禁例原所未用。假令天子亲察二品以上之近臣大吏，必其不染者而后用之，近臣大吏各察其近属，如是而转相察，藩臬察郡守，郡守察州县，州县察佐贰，学臣之察士，将帅之察兵，亦用是术焉，务使所察者，人数至简，以期必周。如是定相坐之法而实力行之，则官兵士子之染祛。官兵士子之染祛，则天下之民知染其毒者必不可以为官兵士子也，则自爱而求进者必不吸食。夫如是，则吸者日少，俟其既少，然后著令禁之，旧染渐去，新染不增，三十年之间可使鸦片之害尽绝于天下。至于缠足，本非天下女子之所乐为也，拘于习俗而无敢畔其范围而已。假令一日者，天子下明诏，为民言缠足之害，且曰：继自今，自某年所生女子而缠足，吾其毋封。则天下之去其习者，犹热之去燎而寒之去翼也。夫何难变之有与！夫变俗如是二者，非难行也，不难行而不行者，以为无与国是民生之利病而已。而孰知种以之弱，国以之贫，兵以之窳，胥于此焉阶之厉耶！是鸦片、缠足二事不早为之所，则变法者，皆空言而已矣。

其开民智奈何？今夫尚学问者，则后事功，而急功名者，则轻学问。二者交失，其实则相资而不可偏废也。顾功名之士多有，而学问之人难求，是则学问贵也。东土之人，见西国今日之财利，其隐赈流溢如是，每疑之而不信；迨亲见而信矣，又莫测其所以然；及观其治生理财之多术，然后知其悉归功于亚丹斯密之一书，此泰西有识之公论也。是以制器之备，可求其本于奈端；舟车之神，可推其原于瓦德；用电之利，则法拉第之功也；民生之寿，则哈尔斐之业也。而二百年学运昌明，则又不得不以柏庚氏之摧陷廓清之功为称首。学问之士，倡其新理，事功之士，窃之为术，而大有功焉。故曰：民智者，富强之原。此悬诸日月不刊之论也。顾彼西洋以格物致知为学问本始，中国非不尔云也，独何以民智之相越乃如此耶？或曰：中国之智虑运于虚，西洋之聪明寄于实，此其说不然。自不佞观之，中国虚矣，彼西洋尤虚；西洋实矣，而中国尤实，异者不在虚实之间也。夫西洋之于学，自明以前，与中土亦相埒耳。至于晚近，言学则先物理而后文词，重达用而薄藻饰。且其教子弟也，尤必使自竭其耳目，自致其心思，贵自得而贱因人，喜善疑而慎信古。其名数诸学，则藉以教致思穷理之术；其力质诸学，则假以导观物察变之方，而其本事，则筌蹄之于鱼兔而已矣。故赫胥黎曰："读书得智，是第二手事，唯能以宇宙为我简编，民物为我文字者，斯真学耳。"此西洋教民要术也。而回观中国则何如？夫朱子以即物穷理释格物致知，是也；至以读书穷理言之，风斯在下矣。

且中土之学，必求古训。古人之非，既不能明，即古人之是，亦不知其所以是。记诵词章既已误，训诂注疏又甚拘，江河日下，以致于今日之经义八股，则适足以破坏人材，复何民智之开之与有耶？且也六七龄童子入学，脑气未坚，即教以穷玄极眇之文字，事资强记，何神灵襟！其中所恃以开瀹神明者，不外区区对偶已耳。所以审覈物理，辨析是非者，胥无有焉。以是为学，又何怪制科人十九鹘突于人情物理，转不若农工商贾之有时而当也。今之蒿目时事者，每致叹于中国读书人少；自我观之，如是教人，无宁学者少耳。今者物穷则变，言时务者，人人皆言变通学校，设学堂，讲西学矣。虽然，谓十年以往，中国必收其益，则又未必然之事也。何故？旧制尚存，而荣途未开也。夫如是，士之能于此深求而不倦厌者，必其无待而兴，即事而乐者也。否则刻棘之业虽苦，市骏之赏终虚，同辈知之则相忌，门外不知则相忘，几何不废然反也！是故欲开民智，非讲西学不可；欲讲实学，非另立选举之法，别开用人之涂，而废八股、试帖、策论诸制科不可。

至于新民德之事，尤为三者之最难。今微论西洋教宗如何，然而七日来复，必有人焉聚其民而耳提面命之，而其所以为教之术，则临之以帝天之严，重之以永生之福。人无论王侯君公，降以至于穷民无告，自教而观之，则皆为天之赤子，而平等之义以明。平等义明，故其民知自重而有所劝于为善。今夫"上帝临汝，勿贰尔心""相在尔室，尚不愧于屋漏"者，大人之事而君子之所难也；而西洋小民，但使信教诚深，则夕惕朝乾，与吾之大人君子无所异。内省不疚，无恶于志，不为威惕，不为利诱，此诚教中常义，而非甚瑰琦绝特之行者也。民之心有所主，而其为教有常，故其效能如此。

至于吾民，则姑亦无论学校已废久矣，即使尚存如初，亦不过择凡民之俊秀者而教之。至于穷簷之子，编户之氓，则自襁褓以至成人，未尝闻

第八篇 严复《原强》(节选)

有孰教之者也。孟子曰:"饱食暖衣,逸居而无教,则近于禽兽。"夫饱食暖衣之民,无教尚如此。则彼饥寒逼躯,救死不赡者,当何如乎?后义先利,诈伪奸欺,固其所耳。曩甲午之办海防也,水底碰雷与开花弹子,有以铁滓沙泥代火药者。洋报议论,谓吾民以数金锱铢之利,虽使其国破军杀将失地丧师不顾,则中国今日之败衄,他日之危亡,不可谓为不幸矣。此其事足使闻者发指,顾何待言!然诸君亦尝循其本而为求其所以然之故与?

盖自秦以降,为治虽有宽苛之异,而大抵皆以奴虏待吾民。虽有原省,原省此奴虏而已矣;虽有燠咻,燠咻此奴虏而已矣。夫上既以奴虏待民,则民亦以奴虏自待。夫奴虏之于主人,特形劫势禁,无可如何已耳,非心悦诚服,有爱于其国与主,而共保持之也。故使形势可恃,国法尚行,则魋靴觺面,胡天胡帝,扬其上于至高,抑其己于至卑,皆劝为之;一旦形势既去,法所不行,则独知有利而已矣,共起而挺之,又其所也,复何怪乎!今夫中国之詈诟人也,骂曰畜产,可谓极矣。而在西洋人则莫须有之词也。而试入其国,而骂人曰无信之诳子,或曰无勇之怯夫,则朝言出口而挑斗相死之书已暮下矣。何则?彼固以是为至辱,而较之畜产万万有加焉,故宁相死而不可以并存也。而我中国,则言信行果仅成硁硁小人,君子弗尚也。盖东西二洲,其风尚不同如此。苟求其故,有可言也。

西之教平等,故以公治众而贵自由。自由,故贵信果。东之教立纲,故以孝治天下而首尊亲。尊亲,故薄信果。然其流弊之极,至于怀诈相欺,上下相遁,则忠孝之所存,转不若贵信果者之多也。且彼西洋所以能使其民皆若有深私至爱于其国与主,而赴公战如私仇者,则亦有道矣。法令始于下院,是民各奉其所自主之约,而非率上之制也;宰相以下,皆由一国所推择。是官者,民之所设以釐百工,而非徒以尊奉仰戴者也,抚我虐我,皆非所论者矣。出赋以庀工,无异自营其田宅;趋死以杀敌,无异自卫其室家。吾每闻英之人言英,法之人言法,以至各国之人之言其所生之国土，闻其名字，若我曹闻其父母之名，皆肫挚固结，若有无穷之爱也者。此其故何哉？无他，私之以为己有而已矣。

是故居今之日，欲进吾民之德，于以同力合志，联一气而御外仇，则非有道焉使各私中国不可也。顾处士曰："民不能无私也，圣人之制治也，在合天下之私以为公。"然则使各私中国奈何？曰：设议院于京师，而令天下郡县各公举其守宰。是道也，欲民之忠爱必由此，欲教化之兴必由此，欲地利之尽必由此，欲道路之辟、商务之兴必由此，欲民各束身自好而争濯磨于善必由此。呜呼！圣人复起，不易吾言矣！

此三者，自强之本也，不如是则虽有伊尹、吕尚为之谋，吴起、李牧为之战，亦将寖衰寖灭，必无有强之一日决矣。虽然，无亦有其标者焉。然则治标奈何？练兵乎？筹饷乎？开矿乎？通铁道乎？兴商务乎？曰：是皆可为。有其本则皆立，无其本则终废。自甲午以来，海内樊然并兴者亦已众矣，其效何苦？其有益于强之数与否，识时审势之士将能言之，无假鄙人深论者也。虽然，有一事焉，自仆观之，则为标之所最亟而不可稍或迂缓者也。其事维何？曰：必朝廷除旧布新，有一二非常之举措，内有以慰薄海臣民之深望，外有以破敌国侮夺之阴谋，则庶几乎其有豸耳。不然，是琐琐者，虽百举措无益也。善夫吾友新会梁任公之言曰："万国蒸蒸，大势相逼，变亦变也，不变亦变。变而变者，变之权操诸己；不变而变者，变之权让诸人。"《传》曰："无滋他族，实逼处此。"愿天下有心人三复斯言而早为之所焉可耳。

选自《严复集》第一册，中华书局1986年版，第27—32页。

精要研读

一、人物与背景

《原强》是严复 1895 年 3 月 4 日至 9 日（光绪二十一年二月初八至十三）发表在天津《直报》上的一篇文章，是中日甲午海战后，面对中国遭受惨败的结局而发出的一声痛彻心扉、振聋发聩的呐喊。严复（1854—1921 年），字又陵，又字几道，福建候官（今闽侯）人，中国近代著名的启蒙思想家、翻译家。作为福州船政学堂的第一届优秀毕业生，他于 1877 年（光绪三年）被清政府派赴英国留学，进入格林尼茨皇家海军学院深造，1879 年被召回国任教。他先任职于马尾船政学堂，后因李鸿章创办北洋水师学堂，经时任翰林院侍讲陈宝琛推荐，严复赴天津，参与筹办北洋水师学堂，其间任北洋水师学堂总教习、总办（校长）。

北洋水师在李鸿章的苦心经营下，于 1888 年正式建立。这是当时"亚洲第一大水师，北洋水师由 25 艘新式军舰组成，总吨位超过 8 万吨"[①]。1894 年（光绪二十年）7 月，中日甲午战争爆发，历时 9 个月，日军攻下朝鲜后，在黄海海战中打败北洋水师，之后攻占旅顺、威海，逼迫中国签订丧权辱国的《马关条约》。北洋水师全体将士英勇抵抗、血洒海疆，在威海湾刘公岛海域全军覆没，谱写了世界海战史上最为壮烈的爱国篇章。消息传来，严复悲愤之极。面对甲午战败的奇耻大辱，他痛定思

[①] 王岗峰编著：《严复——中国近代思想文化史上里程碑式的巨人》，福建人民出版社 2016 年版，第 37 页。

痛，深刻反思海战失败的教训，意识到中国正处于亡国灭种、四分五裂的边缘。严复痛斥中国封建专制制度的腐朽，同时他深入地分析中国近代以来国力衰弱的根源，理性地比较中日两国的国情现状和向西方学习的差异，认为日本自明治维新后，走上资本主义道路，国力日渐强盛，时时觊觎中国。而中国的洋务运动，虽然学习了西方的科学技术成果，但在思想文化层面和制度层面还是老一套，闭关锁国、妄自尊大。于是，他力倡维新变革。他认为"国之贫富强弱治乱者，其民力、民智、民德三者之征验也，必三者既立而后其政法从之。于是一政之举，一令之施，合于其智、德、力者存，违于其智、德、力者废"①。在这段日子里，他连续发表《论世变之亟》《原强》《辟韩》《原强续篇》《救亡决论》等五篇政论文，抒发他主张的维新变法的"治本"之策。《原强》就是其中的一篇。在这篇文章中，严复借鉴西学，探索和论述中国富强之道，主要就民力、民智、民德问题直陈己见，其图强救国的赤子之心跃然纸上。

这里需要说明的是，严复的《原强》发表后，他又对其原文作了修改。这在他与梁启超的复信中可以得到证实："今日取观旧篇，直觉不成一物……拟更删益成篇，容十许日后续呈法鉴如何。"②修改后的《原强》较之原文，除了文字有较大改动外，内容上还作了较多补充。本篇所呈现的"原文"是《原强》的修改稿。

二、精要论点

（一）鼓民力、开民智、新民德是当下中国的自强之本

严复饱学中西，对西方近代以来的自由、民主等思想十分推崇，积极宣传"以自由为体、以民主为用"的资产阶级政治伦理观。但他又认为，

---

① 王粤主编：《中国文化精华全集·哲学卷》（三），中国国际广播出版社1992年版，第981页。

② 严复：《严复集》第一册，中华书局1986年版，第15页。

中国不能实行资产阶级民主制度。因为当时中国"其民不足以自治",即还不具备自治的能力。他痛感积贫积弱的中国"民力已苶,民智已卑,民德已薄"①,他认为,若以西方人的眼光看待人种问题,"莫不以民力、民智、民德三者断民种之高下,未有三者备而民生不忧,亦未有三者备而国威不奋者也"②。因此他主张,苦难深重的中国要保种自强,就要效法西方改革旧制,更革人心风俗。根据中国的现状,"是以今日要政,统于三端:一曰鼓民力,二曰开民智,三曰新民德"③。严复认为,百废待兴的中国有许多事情要做,如练兵、筹饷、通铁路、兴商务等。但这些事情中有标本缓急之别。本立则其他皆立,本不立则其他终废。中国要自强,就要注意分清"标"与"本"的关系。而什么是本?当下中国鼓民力、开民智、新民德就是"本"。只有抓住这个"本",全面提升国人的身体素质和精神素质,才能使他们具备必要的自治能力,才能把西方进步的东西学到手。

(二)鼓民力是人种强健的第一要务

严复认为,检验一个国家的富强与否,往往先看其国民的手足体力,即身体的强健。日本人曾污蔑中国人为"东亚病夫",说的也就是我们人种上的体魄问题。严复通过分析中外历史上的强弱民族的差异,认为凡能称雄于世的,都是壮佼长大、骁勇善战之民族。所以中国古代的庠序之教,不论官学或私塾,都不仅要学文,而且要习武。孔子办学的"六艺"就是礼乐射御书数并举。而今所谓"鼓民力",就是要增强人民的健康体魄。严复指出,当时中国,害民最深、最为亟待解决的有两件事:一是国人吸食鸦片;二是妇女裹脚的陋俗。从前者看,鸦片对官兵士子以至百姓

---

① 王粤主编:《中国文化精华全集·哲学卷》(三),中国国际广播出版社1992年版,第983页。
② 王粤主编:《中国文化精华全集·哲学卷》(三),中国国际广播出版社1992年版,第974页。
③ 王粤主编:《中国文化精华全集·哲学卷》(三),中国国际广播出版社1992年版,第983页。

的毒害，不仅摧毁健康的体魄，而且摧毁人的精神意志。自爱而求进者必不吸食。严复主张朝野内外当痛下定决心，禁食鸦片。从后者看，妇女裹脚缠足严重扭曲了妇女身心，极大地限制了她们的生产生活，绝非妇女所情愿。这种陋俗也必须废除。严复还特别指出，鼓民力是包括妇女在内的全体人民。"此其事不仅施之男子已也，乃至妇女亦莫不然。盖母健而后儿肥，培其先天而种乃进也。"① 母亲的健康关系子孙后代，关系种族的强大。

（三）开民智乃国家富强之源

严复是一贯主张"教育救国"的，它成为严复思想中的一个鲜明特点。然而，究竟应当对国人施以什么样的教育才能改变中国积贫积弱的现状呢？严复从对中国以往教育的反思中，痛感"八股""科举"等教育弊端对人才成长的极大制约。在对中西教育进行审慎地比较后，他认为西方人在近代以来的经济社会进步，应归功于科学的昌明。他列举了多位西方著名学者和科学家的贡献，如亚当·斯密、瓦特、法拉第等。而西方之所以能取得这些进步，与它们"先物理而后文词，重达用而薄藻饰"的教育理念是分不开的。而且西方的教育鼓励人们独立思考，不迷信权威、敢于质疑，"自竭其耳目，自致其心思，贵自得而贱因人，喜善疑而慎信古"。而回望中国的教育，必求古训。满足于记诵辞章，训诂注疏。所以在严复看来，西方的经济社会进步与其先进的教育思想密切相关。"开民智"就是以西学代替科举，废除八股，"是故欲开民智，非讲西学不可。"

（四）新民德乃振奋民族精神的不竭动力

甲午海战后，严复苦苦思索着中国战败的根源。他认为，除了武器不如人、专制制度腐朽等原因外，深层的原因还在于国民素质的低下。他以甲午海战中我军水雷和炮弹火药造假，以致无法击毁敌舰的令人发指的事

---

① 王粤主编：《中国文化精华全集·哲学卷》（三），中国国际广播出版社1992年版，第984页。

件为例，痛心疾首其民德卑弱之极。此文中，严复将民德的卑弱之处归结为两点：一是"公"的意识薄弱，缺少国家观念，后义先利，诈伪奸欺。二是不知自重自尊、缺乏自主意识，以奴虏自待。严复在文中将中西的民族性格作了一番比较。他指出，英、法等国的国民一谈到自己的国家，就好像谈及自己父母一样深怀崇敬，赴公战就如报私仇，而中国人的国家观念则差矣，就连中日海战这样的关系民族存亡的大事，都有人不顾国家"破军杀将失地丧师"的后果而徇私造假、从中渔利。西洋人若被人骂为"无信之诳子"或"无勇之怯夫"，就会觉得是奇耻大辱，甚至要与人决斗，而中国人骂人"畜生"才是造极的。

　　为什么中西的民族性格存在这样的差异呢？严复分析："西之教平等，故以公治众而贵自由。自由，故贵信果。东之教立纲，故以孝治天下而首尊亲，尊亲，故薄信果。"[①]西人倡导平等，所以每个人都珍惜自身的尊严价值。一旦失信于人便无法立身。而中国处于长期的封建等级制度之下，帝王贵族视百姓民众为奴虏，久而久之，百姓就会以奴虏自待。他们不知国家、民族与自己有何相干，因而重私德而轻公德。鉴于此，严复认为改造国民道德时不可待，他主张要新民德。"欲进吾民之德，于以同力合志，联一气而御外仇。"[②]这是一场思想的改造和道德观念的巨大变革。严复清醒地意识到，比起民力、民智二者，新民德是最为艰难的。

三、影响与价值

　　第一，《原强》是近代中国知识分子探寻救亡强国之路的一个典范主张，它集中地表达了作者强烈的爱国思想和情感，表达了其具有深刻见地

[①] 王粤主编：《中国文化精华全集·哲学卷》（三），中国国际广播出版社1992年版，第988页。

[②] 王粤主编：《中国文化精华全集·哲学卷》（三），中国国际广播出版社1992年版，第988页。

的治国理念，在思想界产生了很大的影响。《原强》与作者同时期发表的其他政论文一道，构成了严复维新变法的思想体系。这一体系不仅对当时晚晴政权是一剂治国良药，而且对广大民众具有思想启蒙的作用。

第二，《原强》关于"鼓民力、开民智、新民德"的核心思想主张，是作者在饱学中西并进行中西比较后得出的审慎结论。这一主张虽在腐朽至极的晚清封建制度下难以得到推行，况且作者企图通过"渐变"来实现维新变法就更显得幼稚，但是，这一主张却是振兴中华民族、图存强国的必然途径。在当今新时代中国特色社会主义条件下，这一主张对于提升国民素质，造就德智体美劳全面发展的时代新人，实现中华民族伟大复兴的中国梦具有直接的借鉴作用。

第三，《原强》的"新民德"部分对中国人道德弊端的鞭挞与分析，深刻而又犀利，切中了小农经济社会和封建等级制下传统道德观的要害，反映了中国近代思想家追求思想解放和道德进步的强烈心声。这种对传统道德劣根性的揭露和分析，深刻影响了近现代有识之士并获得他们的广泛认同。严复之后，一大批被鲁迅称为"中国的脊梁"的知识分子如梁启超、陈天华、邹容、陈独秀、胡适、孙中山等纷纷在不同的时期对中国人道德弊端展开无情的批判。这份宝贵的思想遗产至今仍是我们进行道德建设的有力武器。

第九篇　梁启超《少年中国说》

原 文

日本人之称我中国也，一则曰老大帝国，再则曰老大帝国。是语也，盖袭译欧西人之言也。呜呼！我中国其果老大矣乎？任公曰：恶！是何言！是何言！吾心目中有一少年中国在！

欲言国之老少，请先言人之老少。老年人常思既往，少年人常思将来。惟思既往也，故生留恋心；惟思将来也，故生希望心。惟留恋也，故保守；惟希望也，故进取。惟保守也，故永旧；惟进取也，故日新。惟思既往也，事事皆其所已经者，故惟知照例；惟思将来也，事事皆其所未经者，故常敢破格。老年人常多忧虑，少年人常好行乐。惟多忧也，故灰心；惟行乐也，故盛气。惟灰心也，故怯懦；惟盛气也，故豪壮。惟怯懦也，故苟且；惟豪壮也，故冒险。惟苟且也，故能灭世界；惟冒险也，故能造世界。老年人常厌事，少年人常喜事。惟厌事也，故常觉一切事无可为者；惟好事也，故常觉一切事无不可为者。老年人如夕照，少年人如朝阳；老年人如瘠牛，少年人如乳虎。老年人如僧，少年人如侠。老年人如字典，少年人如戏文。老年人如鸦片烟，少年人如泼兰地酒。老年人如别行星之陨石，少年人如大洋海之珊瑚岛。老年人如埃及沙漠之金字塔，少年人如西比利亚之铁路；老年人如秋后之柳，少年人如春前之草。老年人如死海之潴为泽，少年人如长江之初发源。此老年与少年性格不同之大略也。任公曰：人固有之，国亦宜然。

任公曰：伤哉，老大也！浔阳江头琵琶妇，当明月绕船，枫叶瑟瑟，衾寒于铁，似梦非梦之时，追想洛阳尘中春花秋月之佳趣。西宫南内，白发宫娥，一灯如穗，三五对坐，谈开元、天宝间遗事，谱《霓裳羽衣曲》。青门种瓜人，左对孺人，顾弄孺子，忆侯门似海珠履杂遝之盛事。拿破仑之流于厄蔑，阿剌飞之幽于锡兰，与三两监守吏，或过访之好事者，道当年短刀匹马驰骋中原，席卷欧洲，血战海楼，一声叱咤，万国震恐之丰功伟烈，初而拍案，继而抚髀，终而揽镜。呜呼，面皴齿尽，白发盈把，颓然老矣！若是者，舍幽郁之外无心事，舍悲惨之外无天地，舍颓唐之外无日月，舍叹息之外无音声，舍待死之外无事业。美人豪杰且然，而况寻常碌碌者耶？生平亲友，皆在墟墓；起居饮食，待命于人。今日且过，遑知他日？今年且过，遑恤明年？普天下灰心短气之事，未有甚于老大者。于此人也，而欲望以擎云之手段，回天之事功，挟山超海之意气，能乎不能？

呜呼！我中国其果老大矣乎？立乎今日以指畴昔，唐虞三代，若何之郅治；秦皇汉武，若何之雄杰；汉唐来之文学，若何之隆盛；康乾间之武功，若何之烜赫。历史家所铺叙，词章家所讴歌，何一非我国民少年时代良辰美景、赏心乐事之陈迹哉！而今颓然老矣！昨日割五城，明日割十城，处处雀鼠尽，夜夜鸡犬惊。十八省之土地财产，已为人怀中之肉；四百兆之父兄子弟，已为人注籍之奴，岂所谓"老大嫁作商人妇"者耶？呜呼！凭君莫话当年事，憔悴韶光不忍看！楚囚相对，岌岌顾影，人命危浅，朝不虑夕。国为待死之国，一国之民为待死之民。万事付之奈何，一切凭人作弄，亦何足怪！

任公曰：我中国其果老大矣乎？是今日全地球之一大问题也。如其老大也，则是中国为过去之国，即地球上昔本有此国，而今渐渐灭，他日之命运殆将尽也。如其非老大也，则是中国为未来之国，即地球上昔未现此国，而今渐发达，他日之前程且方长也。欲断今日之中国为老大耶？为少年耶？则不可不先明"国"字之意义。夫国也者，何物也？有土地，有人民，以居于其土地之人民，而治其所居之土地之事，自制法律而自守之；

有主权，有服从，人人皆主权者，人人皆服从者。夫如是，斯谓之完全成立之国，地球上之有完全成立之国也，自百年以来也。完全成立者，壮年之事也。未能完全成立而渐进于完全成立者，少年之事也。故吾得一言以断之曰：欧洲列邦在今日为壮年国，而我中国在今日为少年国。

夫古昔之中国者，虽有国之名，而未成国之形也。或为家族之国，或为酋长之国，或为诸侯封建之国，或为一王专制之国。虽种类不一，要之其于国家之体质也，有其一部而缺其一部。正如婴儿自胚胎以迄成童，其身体之一二官支，先行长成，此外则全体虽粗具，然未能得其用也。故唐虞以前为胚胎时代，殷周之际为乳哺时代，由孔子而来至于今为童子时代。逐渐发达，而今乃始将入成童以上少年之界焉。其长成所以若是之迟者，则历代之民贼有窒其生机者也。譬犹童年多病，转类老态，或且疑其死期之将至焉，而不知皆由未完全未成立也。非过去之谓，而未来之谓也。

且我中国畴昔，岂尝有国家哉？不过有朝廷耳！我黄帝子孙，聚族而居，立于此地球之上者既数千年，而问其国之为何名，则无有也。夫所谓唐、虞、夏、商、周、秦、汉、魏、晋、宋、齐、梁、陈、隋、唐、宋、元、明、清者，则皆朝名耳。朝也者，一家之私产也。国也者，人民之公产也。朝有朝之老少，国有国之老少。朝与国既异物，则不能以朝之老少而指为国之老少明矣。文、武、成、康，周朝之少年时代也。幽、厉、桓、赧，则其老年时代也。高、文、景、武，汉朝之少年时代也。元、平、桓、灵，则其老年时代也。自余历朝，莫不有之。凡此者谓为一朝廷之老也则可，谓为一国之老也则不可。一朝廷之老且死，犹一人之老且死也，于吾所谓中国者何与焉。然则，吾中国者，前此尚未出现于世界，而今乃始萌芽云尔。天地大矣，前途辽矣。美哉我少年中国乎！

玛志尼者，意大利三杰之魁也。以国事被罪，逃窜异邦。乃创立一会，名曰"少年意大利"。举国志士，云涌雾集以应之。卒乃光复旧物，使意大利为欧洲之一雄邦。夫意大利者，欧洲第一之老大国也。自罗马亡后，土地隶于教皇，政权归于奥国，殆所谓老而濒于死者矣。而得一玛志尼，且能举全国而少年之，况我中国之实为少年时代者耶！堂堂四百余州之国土，凛凛四百余兆之国民，岂遂无一玛志尼其人者！

龚自珍氏之集有诗一章，题曰《能令公少年行》。吾尝爱读之，而有味乎其用意之所存。我国民而自谓其国之老大也，斯果老大矣；我国民而自知其国之少年也，斯乃少年矣。西谚有之曰："有三岁之翁，有百岁之童。"然则，国之老少，又无定形，而实随国民之心力以为消长者也。吾见乎玛志尼之能令国少年也，吾又见乎我国之官吏士民能令国老大也。吾为此惧！夫以如此壮丽浓郁翩翩绝世之少年中国，而使欧西日本人谓我为老大者，何也？则以握国权者皆老朽之人也。非哦几十年八股，非写几十年白折，非当几十年差，非捱几十年俸，非递几十年手本，非唱几十年喏，非磕几十年头，非请几十年安，则必不能得一官、进一职。其内任卿贰以上，外任监司以上者，百人之中，其五官不备者，殆九十六七人也。非眼盲则耳聋，非手颤则足跛，否则半身不遂也。彼其一身饮食步履视听言语，尚且不能自了，须三四人左右扶之捉之，乃能度日，于此而乃欲责之以国事，是何异立无数木偶而使之治天下也！且彼辈者，自其少壮之时既已不知亚细亚、欧罗巴为何处地方，汉祖唐宗是那朝皇帝，犹嫌其顽钝腐败之未臻其极，又必搓磨之，陶冶之，待其脑髓已涸，血管已塞，气息奄奄，与鬼为邻之时，然后将我二万里山河，四万万人命，一举而畀于其手。呜呼！老大帝国，诚哉其老大也！而彼辈者，积其数十年之八股、白折、当差、捱俸、手本、唱喏、磕头、请安，千辛万苦，千苦万辛，乃始得此红顶花翎之服色，中堂大人之名号，乃出其全副精神，竭其毕生力量，以保持之。如彼乞儿拾金一锭，虽轰雷盘旋其顶上，而两手犹紧抱其荷包，他事非所顾也，非所知也，非所闻也。于此而告之以亡国也，瓜分也，彼乌从而听之，乌从而信之！即使果亡矣，果分矣，而吾今年既七十矣，八十矣，但求其一两年内，洋人不来，强盗不起，我已快活过了一世矣！若不得已，则割三头两省之土地奉申贺敬，以换我几个衙门；卖三几百万之人民作仆为奴，以赎我一条老命，有何不可？有何难办？呜呼！今之所谓老后、老臣、老将、老吏者，其修身齐家治国平天下之手段，皆具于是矣。西风一夜催人老，凋尽朱颜白尽头。使走无常当医生，携催命符以祝寿，嗟乎痛哉！以此为国，是安得不老且死，且吾恐其未及岁而殇也。

任公曰：造成今日之老大中国者，则中国老朽之冤业也。制出将来之少年中国者，则中国少年之责任也。彼老朽者何足道，彼与此世界作别之日不远矣，而我少年乃新来而与世界为缘。如僦屋者然，彼明日将迁居他方，而我今日始入此室处。将迁居者，不爱护其窗棂，不洁治其庭庑，俗人恒情，亦何足怪！若我少年者，前程浩浩，后顾茫茫。中国而为牛为马为奴为隶，则烹脔鞭箠之惨酷，惟我少年当之。中国如称霸宇内，主盟地球，则指挥顾盼之尊荣，惟我少年享之。于彼气息奄奄与鬼为邻者何与焉？彼而漠然置之，犹可言也。我而漠然置之，不可言也。使举国之少年而果为少年也，则吾中国为未来之国，其进步未可量也。使举国之少年而亦为老大也，则吾中国为过去之国，其澌亡可翘足而待也。故今日之责任，不在他人，而全在我少年。少年智则国智，少年富则国富；少年强则国强，少年独立则国独立；少年自由则国自由，少年进步则国进步；少年胜于欧洲，则国胜于欧洲；少年雄于地球，则国雄于地球。红日初升，其道大光。河出伏流，一泻汪洋。潜龙腾渊，鳞爪飞扬。乳虎啸谷，百兽震惶。鹰隼试翼，风尘吸张。奇花初胎，矞矞皇皇。干将发硎，有作其芒。天戴其苍，地履其黄。纵有千古，横有八荒。前途似海，来日方长。美哉我少年中国，与天不老！壮哉我中国少年，与国无疆！

"三十功名尘与土，八千里路云和月。莫等闲，白了少年头，空悲切。"此岳武穆《满江红》词句也，作者自六岁时即口受记忆，至今喜诵之不衰。自今以往，弃"哀时客"之名，更自名曰"少年中国之少年"。

选自《清议报》第35册，1900年2月10日。

精要研读

一、人物与背景

这是梁启超写于 1900 年并在其主编的《清议报》上发表的一篇著名文章。梁启超（1873—1929 年），广东新会人，光绪举人，中国近代资产阶级改良主义政治家、著名学者。中国近代史是一部中国人备受屈辱的历史，也是中国人奋起反抗、涅槃重生的历史。洋务运动后，中国近代工业得到一定发展，人们以为有了洋枪洋炮就可以与西方列强抗争，但 1894 年中日甲午战争将人们的幻想彻底粉碎。人们意识到向西方学习不仅学习技术、器艺，而且要学习思想文化，要改变中国固有的落后道德观念，如因循守旧、奴性思想、圆滑世故等。维新派人物康有为、梁启超等首先以西方近代道德理论为蓝本，并以西方自然人性论为武器，批判古代封建纲常伦理，肯定人的自然欲望和物质利益的合理性、客观性，推崇自由平等博爱。他们提出"公德""公理""国性"等新概念，主张以君主立宪制作为救国良方，企图在不推翻帝制的前提下实行社会改良。1896 年，梁启超在上海主编《时务报》，发表《变法通义》等重要论文，阐发维新变法思想。[①]1898 年，梁启超在北京与康有为、谭嗣同等，依靠光绪皇帝发动戊戌变法。但在中国强大的保守势力阻挠和镇压下，新法实施百日便宣告失败，"戊戌六君子"的鲜血洒在了中国探索救亡的道路上，梁启超逃亡日本。此时的梁启超一方面痛感中国封建制度的黑暗、腐朽、没落和变法的艰辛，另一方面他没有对中国的未来失去信心，也没有放弃变法图强的

---

① 朱贻庭主编：《伦理学大辞典》，上海辞书出版社 2002 年版，第 483 页。

努力。

1900年,国内爆发了义和团运动。当时八国联军制造舆论,污蔑中国是"老大帝国"、是"东亚病夫",而中国人中也有一些无知昏庸者,散布悲观情绪。为了驳斥帝国主义的无耻谰言,也为了纠正一些国人的奴性思想及崇洋媚外倾向,激发他们的民族自尊心和自信心,梁启超适时写下了这篇气吞山河之作。作为梁启超思想的代表作,《少年中国说》被公认为是梁启超思想意义最积极、情感色彩最激越的不朽之作。他满腔热情地鼓励并寄望中华民族的青少年前赴后继、振兴国家,至今,其爱国主义的光芒依然闪耀。

二、精要论点

第一,强烈反对帝国主义及国内腐朽势力称中国为"老大帝国"的说法,指出"老大帝国"论的悲哀和对未来中国的热望。梁启超以人的生命周期的老少类比国之老少,坚定地认为,他所身处的中国正处于将焕发无限生机的少年时代,"吾心目中有一少年中国在"。

第二,阐明关于"国"的定位和特征,指出"国"与"朝"的本质区别。梁启超指出,"夫国也者,何物也? 有土地,有人民,以居于其土地之人民,而治其所居之土地之事,自制法律而自守之;有主权,有服从,人人皆主权者,人人皆服从者"[①]。这就意味着,作为"国"的标志,除了有土地和生活在其上的人民外,还必须是人民当家作主。按此标志,虽然中国历史上的朝代更迭,都冠以"国"之名,但却未成"国"之形。以往所谓的"国",或家族之国,或酋长之国,或诸侯封建之国,或一王专制之国。梁启超指出,"国"与"朝"的本质区别是"朝也者,一家之私产

---

① 梁启超:《少年中国说》,载《清议报》第35册,1900年2月10日。

也,国也者,人民之公产也"①。

第三,深刻揭露封建统治者的腐朽,痛斥昏君庸臣对国家的糟蹋。梁启超以犀利的笔调揭露了清朝腐朽官僚昏庸无能、无所担当,对外割地赔款、对内鱼肉人民、对上阿谀奉承、对下残酷镇压的无耻嘴脸,为人们描绘了一幅没落的朝廷群臣众生相。

第四,深情呼唤中国青少年自强自立,担当国家民族之责任。面对被帝国主义和封建主义者蹂躏的破碎山河,梁启超并未对中国未来失去信心,而是以极大的热情对中国青少年充满图强的期待,发出振聋发聩的呐喊:"故今日之责任,不在他人,而全在我少年。少年智则国智,少年富则国富;少年强则国强,少年独立则国独立;少年自由则国自由;少年进步则国进步;少年胜于欧洲,则国胜于欧洲;少年雄于地球,则国雄于地球。"② 其呼唤和呐喊荡气回肠,彰显了民族自尊心和自信心。

三、影响与价值

第一,它具有深邃的思想价值。首先,它是爱国主义的一首千古绝唱,体现了近代知识分子前赴后继、以天下为己任的家国情怀,激励后人树立起发愤图强、振兴中华的信心和勇气。其次,它是声讨帝国主义、封建主义的一把利器,揭露封建统治者的腐朽本质淋漓尽致、入木三分,反映了近代知识分子对黑暗势力的反抗和对旧民主主义革命的忠实追求。

第二,它具有重要的学术价值。首先,它是思想政治教育学科关于爱国主义教育的一部经典。作者将强烈的爱国主义情感和严谨的理论论证,融汇在激扬流畅的文字中,给人们以非凡的震撼力和穿越时空的精神力量。其次,它所阐述的国家观,凸显人类进入近代社会以来国家的基本特

---

① 梁启超:《少年中国说》,载《清议报》第35册,1900年2月10日。
② 梁启超:《少年中国说》,载《清议报》第35册,1900年2月10日。

征，是对政治学理论的一种创见，令人耳目一新。再次，文中关于"老大帝国"与"少年中国"的拟人化比较和辩证思维分析，既生动形象又一针见血，是学术研究的方法论典范。

第十篇　马寅初《北大之精神》

第十篇　马寅初《北大之精神》

原　文

今日为母校二十九周年纪念，令人发生深切之印象。现学校既受军阀之摧残而暂时消灭，但今天之纪念会，仍能在杭州举行，聚昔日师友同学至二百数十人之多，可见吾北大形质暂时虽去，而北大之精神则依然存在。

回忆母校自蔡先生执掌校务以来，力图改革，五四运动，打倒卖国贼，作人民思想之先导。此种虽斧钺加身毫无顾忌之精神，国家可灭亡，而此精神当永久不死。然既有精神，必有主义，所谓北大主义者，即牺牲主义也。服务于国家社会，不顾一己之私利，勇敢直前，以达其至高之鹄的。

苟有北大之牺牲精神，无论举办何事，则结果之良好，俱可期而待。今以浙江一省而论之，如以北大牺牲精神，移办政府与党务，则不出一年，必可为全国之模范省。盖浙江现时之地位，较他省优良之点甚多。财政之统一一也。浙江之财政厅，尚能统辖全省财政，较之江苏、安徽、福建等省，俱远过之。江苏因为孙传芳之战事未了，所统一者仅长江以南之一部分。安徽在前数月间虽征收税吏，俱归二三军队首领所委派。福建即菜担妓女，亦俱贴印花，其财政上之紊乱，可以想见。至湖广江西等省，更无须深论矣。金融之平稳二也。全省无滥发纸币，引起金融之扰乱。军队之统一三也。教育之优良完全四也。此次革命军兴，全省所受之损失不大五也。既具此五种之优点，苟政治能上轨道，办事人员俱抱北大精神而徐图改革，则将来之浙江，必较今日可以远胜万倍。

虽然，欲图改革，必须自环境之改造入手。重心不在表面，而在人心。今日国家社会之所以每况愈下，根本原因，在于吏治之不良，道德之堕落。如寅初回浙未久，而请寅初代谋统捐局长者，不知凡几。且有欲寅初推荐往禁烟局者，彼辈之心理，以为寅初现正在反对禁烟局，则寅初推荐之人员，禁烟局不敢不留用。际此生活困难之时，在政界谋事，果属生活问题，情尚可原。然来寅初处谋事之人，甚至预先说价，必须月薪至若干元以上，或有其他不正当之收益者而后可。是故中国大半人民，虽其私人道德，亦有甚好者，但脑筋中实无一"公"字之印象。故公家观念之薄弱，已达极点，而对一己之升官发财，譬诸厕所之苍蝇，群相鹜集。故无论何界，苟有一人稍有地位，则其亲戚朋友，全体联带而为其属下，家庭观念之深切，世无其右。当知吾人对于国家社会之义务，应以人民之幸福为前提，不当以个人弥补亏空或物质享受为目的。北大昔日既为群众之导师，今而后当如何引导人民，打破家庭观念，而易以团体观点；打破家庭主义，而易以国家主义，恢复人生固有之牺牲精神。否则，若仅有表面之革命，恐虽经千百次，于国家于社会仍无补于事也。

且中国人民之心理，对公家事，若不相干，可以不负责任。如寅初此次反对鸦片，时有人以"在此种社会何必做恶人"之语来相劝勉。若寅初家中妇女如作此语，寅初本可不加深责，然此种浅薄之语，竟发诸现在之官吏与夫东西留学生之口，呜呼！一人公正之勇气能有几何？今不以努力助鼓励，而反以冷水浇头，人心至此，可深浩叹！中国人以"不"字为道德，如不嫖、不赌、不饮酒、不吸烟，果属静止之道德，然缺乏相当之努力，与夫牺牲之精神，以尽人生应有之义务。虽方趾圆颅，实类似腐尸。西人谓 life is activity，否则，反不如截发入山，做和尚之为愈，何必在世上扰扰哉。

是故以北大之精神，牺牲于社会，对于全国，或以范围过大，尚须相当时以若仅浙江一省，则改造之目的，诚可立而待也。欲使人民养成国家观念,牺牲个人而尽力于公,此北大之使命,亦即吾人之使命也。举凡战胜环境,改造人心,驱除此等奄奄待毙不负责任之习俗,诸君当与寅初共勉之!

选自《马寅初演讲集》第四集,
商务印书馆1928年版,第20—22页。

精要研读

一、人物与背景

　　这是马寅初先生 1927 年在纪念北京大学 29 周年校庆时的演讲词。马寅初（1882—1982 年），中国当代著名的经济学家、人口学家、教育学家。这位百岁老人一生学术思想卓越、著作等身。最著名的有《通货新论》《新人口论》《中国经济改造》《经济学概论》等。《北大之精神》既不是他的经济学思想的著述，也与人口学、教育学无涉，这是他在与北京大学的不解之缘中，对北大这所中国第一学府精神内核的深刻领悟和深情告白。马寅初是浙江省嵊县人，1901 年就读天津的北洋大学，后赴美留学，1910 年、1914 年相继获得美国经济学硕士、博士学位，1915 年回国。1916 年任国立北京大学经济系教授兼系主任，1919 年任北大第一任教务长。1921 年后，他先后辗转国立东南大学、上海商科大学、北京交通大学、国立中央大学、陆军大学、上海交通大学等，也曾在国民政府任职。1948 年，当选第一任中央研究院院士。1949 年 8 月，出任浙江大学校长。中华人民共和国成立后，先后兼任中华人民共和国中央人民政府委员、中华人民共和国政务院财政经济委员会副主任、华东军政委员会副主任等职。1951 年，出任北京大学校长。1960 年，因发表《新人口论》被迫辞去北大校长一职。

　　北京大学 29 周年的校庆纪念会在浙江杭州举行，个中缘由令人唏嘘。20 世纪 20 年代，中国陷入军阀混战。1926 年，奉系军阀张作霖控制了北京，摄取了北京政权，成立安国军政府。1927 年 3 月，张作霖所部封锁了北京大学，这对全校师生是极大的侮辱和摧残。同年 8 月，北洋政府内阁审议通过了教育部拟具的一项关于北京九所高校合并的改组计划，即把包括北大在内的教育部所属的在京九所高校合并，改称"京师大学"，由时任教育部长刘哲兼任校长。此时的原北大校长蔡元培被迫投奔国民政府，来到杭州，任浙江临时政治会议委员兼代理主席。蔡元培招聘北大的马寅初、蒋梦麟等教授来浙江工作。人到中年的马寅初赴浙江出任禁烟委员会委员，从事取缔鸦片工作。不久任教于杭州财务学校，并兼任上海浙江兴业银行总稽核。1927 年 12 月 19 日，北大师生二百余人在杭州举行建校 29 周年的纪念活动，活动的发起者之一马寅初发表了这篇演讲。

二、精要论点

第一，北大之精神就是为国家社会的牺牲精神。该篇讲演篇幅较短，但始终围绕着一个核心，就是北大精神是什么？如何发扬光大？马寅初高度评价了自蔡元培先生执掌北大以来，励精图治，开风气之先，倡导了兼容并包，思想自由，以国家民族为己任的北大新风尚。马寅初认为正是这种新风尚，使北大这样一所学府成为新文化运动、五四运动的策源地，成为引领新思想的先声。而这种新风尚的思想内核，就是牺牲精神。即"服务于国家社会，不顾一己之私利，勇敢直前，以达其至高之鹄的"有了这种精神，虽斧钺加身却毫无顾忌，"国家可灭亡，而此精神当永久不死"马寅初这一对北大精神的凝练概括，可谓是抓住了北大精神最根本的实质。北大，作为国人心中的最高象牙之塔，对其精神的领悟曾有不同的见解。如有人说北大精神是兼容并包，思想自由；也有人说北大精神是崇尚科学、学术立校等。马寅初这一关于牺牲精神的概括，应当说是最为深刻。它体现了北大师生家国天下、以身许国的情怀。这种情怀在蔡元培先生决定在乱世中赴任校长一职时就已笃定："我不入地狱，谁入地狱？"蔡校长的牺牲精神就是北大精神的最佳典范和最好诠释。

马寅初目睹蔡元培执掌下的北大锐意进取、革故鼎新，成就了引领中华民族反帝反封建的一番伟业。若没有北大师生义无反顾的牺牲精神，历史可能是另一番景象。此时的马寅初在北大遭摧残、形质暂去的时候，更清楚牺牲精神的可贵。他率先垂范，以大无畏的牺牲精神表达了他本人对北大精神的忠诚和捍卫。"牺牲个人而尽力于公，此北大之使命，亦即吾人之使命也。"

第二，欲图社会变革，必须改造人心。冲破私德藩篱，倡导国家观念。马寅初与近现代历史上的许多有识之士一样，认为中国旧道德中的一个很大弊端，就是只讲私德，而漠视公德。"是故中国大半人民，虽其私人道德，亦有甚好者，但脑筋中实无一'公'字之印象。故公家观念之薄弱，已达极点。"他列举在浙江任职期间耳闻目睹的官场及社会流弊，痛感吏治不良、道德堕落、人们麻木不仁、国家社会每况愈下。他以满腔的热情鼓励北大师友："当知吾人对于国家社会之义务，应以人民之幸福为前提，不当以个人弥补亏空或物质享受为目的。北大昔日既为群众之导师，今而后当如何引导人民，打破家庭观念，而易以团体观念；打破家庭主义，而易以国家主义，恢复人生固有之牺牲精神。"马寅初希望北大人依然要以牺牲精神，在改造旧道德、倡导"尽力于公"方面为全国人民树立榜样。

三、影响与价值

第一，这篇讲演凝聚和升华了中国现代知识分子及现代大学的光荣使命，它对于当今高校的办学理念和培养目标依然具有鲜明的指导意义。为国家为社会"尽力于公"的牺牲精神，既是马寅初对北大精神内核的概括，也是对所有中国现代大学使命的寄望。在迈向全面建成小康社会、实现民族伟大复兴的中国梦的今天，高校首先要解决的是培养什么人的问题。立德树人是高校办学的根本方向和目标。北大建校至今已经一百多年，不同历史时期对北大精神的褒奖也不乏其人。然而马寅初的《北大之精神》依然光彩夺目，照耀着中国当代高校的办学之路。

第二，这篇讲演鲜明地倡导了符合历史潮流的进步道德观，批判了国民性中的道德弊端，对于当今的公民道德建设仍有现实的指导意义。马寅初在讲演中强烈地鞭挞了自私、利己、缺乏公共意识的小生产的道德观，提出要从变革人心入手来实现社会变革。这一思想在今天依然可以针砭时弊，对于人们走出道德的狭隘眼界，培养公德之心和公民意识，都具有启迪和鞭策作用。

第三，这篇讲演突出体现了马寅初尽力于公的家国情怀，展示了他作为中国知识分子优秀代表的高尚情操和身先士卒、言行一致的优秀品格。马寅初在1927年北大生存命运遭受重创的关头，挺身而出，身体力行，以大无畏的牺牲精神忠实地捍卫了北大精神。在随后的人生中，他依然凭借这种精神，追求、捍卫真理，即便遭受不公正的待遇，甚至顶着巨大的政治压力，也初心不改。马寅初以他光明磊落、不惧权威的一生忠实地践履着北大精神，为后之学者树立起一座不朽的精神丰碑。

参考文献

1. （清）阮元：《十三经注疏》，中华书局1980年版。
2. （清）董诰编：《全唐文》（六），中华书局1983年版。
3. 王书良等主编：《中国文化精华全集·哲学卷》（三），中国国际广播出版社1992年版。
4. （清）黄宗羲：《宋元学案》，中华书局2013年版。
5. 宋元人注：《四书五经》（上册），中国书店1985年版。
6. 宋元人注：《四书五经》（中册），中国书店1985年版。
7. 胡适：《说儒》，漓江出版社2013年版。
8. 陈立夫：《四书道贯》，中国友谊出版公司1991年版。
9. 陈瑛主编：《中国伦理思想史》，湖南教育出版社2004年版。
10. 陈瑛主编：《中国古代道德生活史》，中国社会科学出版社2012年版。
11. 隋淑芬：《中国古代思想教育史》，红旗出版社2005年版。
12. 冯友兰：《三松堂自序》，人民出版社1998年版。
13. 郭沫若：《郭沫若全集》，人民出版社1982年版。
14. 郭力安、祖阔主编：《中国读本》（上），国际文化出版公司1997年版。
15. 郭力安、祖阔主编：《中国读本》（下），国际文化出版公司1997年版。
16. 刘俊田、林松、禹克坤译注：《四书全译》，贵州人民出版社1988年版。
17. 徐刚：《朱熹自然哲学思想论稿》，福建教育出版社2002年版。
18. 唐凯麟、邓名瑛主编：《中国伦理学名著提要》，湖南师范大学出版社

2001 年版。

19. 苏振芳主编:《思想政治教育学》,社会科学文献出版社 2006 年版。

20. 朱贻庭主编:《伦理学大辞典》,上海辞书出版 2002 年版。

21. (魏)王弼注,楼宇烈校释:《老子道德经注校释》,中华书局 2008 年版。

22. 孙中山:《孙中山全集》,中华书局 1985 年版。

23. 陈独秀:《陈独秀著作选》(第一卷),上海人民出版社 1993 年版。

24. 陈独秀:《陈独秀著作选》(第二卷),上海人民出版社 1993 年版。

25. 马寅初:《马寅初演讲集》(第四集),商务印书馆 1928 年版。

后 记

历时一年,《中国思想道德教育名篇精要研读》终于完稿了。就像一个学生刚答完考卷,我有一种从未有过的轻松和愉悦。本书的撰写过程,也是我又一次与经典名篇的对话、学习过程,是我与学生一起成长的过程。每每开卷研读,心中崇敬感油然而生。仰望这些思想巨人,我时常惶恐:我的"研读"是否取到了真经?我传递给学生的,真能是"精要"所在吗?于是,我不忘初心、不敢懈怠,深信勤能补拙。尽管个人水平所限,但还是最大限度地尽己所能。马克思曾经说过:科学绝不是一种自私自利的享乐。有幸能够致力于科学研究的人,首先应该拿自己的学识为人类服务。思想政治教育是一门社会科学,它是在发展中不断成熟、完善的。而我们个人,一名教师、一位普通的思想政治教育工作者,如果能为我们的服务对象——青年学生做些什么,哪怕是真诚实在的一丁点,也能够坦荡地面对诸位世界伟人,就能告慰他们:我们继续着他们未竟的事业……

在本书即将付梓之时,我要感谢福建师范大学马克思主义学院给予的出版支持。感谢朱新屋老师对本书的出版联系。感谢我曾经的硕士研究生杨哲、李缀为我查询并校对名篇原文的权威出处。同时,我还要感谢以往数届思想政治教育专业的本科生、硕士研究生和博士研究生,正是我们教学相长的过程及同学们对经典名篇的求知若渴,激发了我编撰的热情和决心。我怀着一颗感恩的心,感激所有直接、间接地帮助过本书的人。但愿这一成果能是对你们付出的衷心回报。思想政治教育的学科之路正在脚下延伸,让我们携手同行!

作者

2019 年 8 月